MONEY FOR NOTHING?

KAI EICKER-WOLF

MONEY FOR NOTHING?

Das Bedingungslose Grundeinkommen
in der Kontroverse

BÜCHNER-VERLAG
Wissenschaft und Kultur

Kai Eicker-Wolf
Money for nothing?
Das Bedingungslose Grundeinkommen in der Kontroverse
ISBN (Print) 978-3-96317-199-4
ISBN (ePDF) 978-3-96317-722-4
ISBN (ePub) 978-3-96317-734-7
Copyright © 2020 Büchner-Verlag eG, Marburg
Satz: DeinSatz Marburg
Bildnachweis Cover und Umschlaggestaltung: DeinSatz Marburg | tn
Druck und Bindung: Schaltungsdienst Lange oHG
Die verwendeten Druckmaterialien sind zertifiziert als FSC-Mix.
Printed in Germany

Das Werk, einschließlich all seiner Teile, ist urheberrechtlich durch den Verlag geschützt. Jede Verwertung ist ohne die Zustimmung des Verlags unzulässig. Dies gilt insbesondere für Vervielfältigungen, Übersetzungen, Mikroverfilmungen und die Einspeicherung und Verarbeitung in elektronischen Systemen.

Bibliografische Informationen der Deutschen Nationalbibliothek:
Die Deutsche Nationalbibliothek verzeichnet diese Publikation in der Deutschen Nationalbibliografie, detaillierte bibliografische Angaben sind im Internet über http://dnb.de abrufbar.

www.buechner-verlag.de

Inhalt

1. Einleitung — 7
2. Aktuelle BGE-Modelle: Ein Überblick — 11
3. Argumente für ein Bedingungsloses Grundeinkommen – und ihre Tragfähigkeit — 21
3.1 Technologische Arbeitslosigkeit und Digitalisierung — 22
3.2 Verteilung — 41
3.3 Demografie — 55
4. Ökonomische Bewertung — 61
4.1 Auswirkungen auf den Arbeitsmarkt und Folgen für die Wertschöpfung — 61
4.2 Finanzielle Tragfähigkeit und Verteilungswirkungen — 70
5. Zusammenfassung — 85

Literatur — 87

Anmerkungen — 99

Nachwort (*Patrick Schreiner*)
Warum das BGE nicht fortschrittlich ist – einige polit-ökonomische Überlegungen — 107

Glossar — 121

1. Einleitung

Im April 2019 sorgte eine repräsentative Befragung zum Bedingungslosen Grundeinkommen (BGE) für Aufsehen. Immerhin 52 Prozent der Bevölkerung stimmten der Forderung nach einem Bedingungslosen Grundeinkommen zu.[1] Befürworter_innen dieser Idee sind demnach vor allem unter den jungen Menschen anzutreffen. Sie sind meist höher gebildet, verfügen über ein eher geringes Haushaltseinkommen und sind politisch überwiegend dem linken Spektrum zuzuordnen.

Die Autor_innen der Umfrage schränken allerdings ein: Die hohen Zustimmungsraten seien »nicht mit einer Reformbereitschaft in diese Richtung gleichzusetzen. Sie bedeuten nämlich noch lange nicht, dass die Bürgerinnen und Bürger ein solches Vorhaben auch dann begrüßen würden, wenn die Finanzierung und die Konsequenzen transparent gemacht würden.«[2] In der Tat sind die Möglichkeiten der Finanzierung eines Bedingungslosen Grundeinkommens sowie dessen Auswirkungen auf die gesellschaftliche Produktion von Gütern und Dienstleistungen von entscheidender Bedeutung für die Bewertung, würde die Einführung eines BGE doch eine weitreichende Änderung der bestehenden Wirtschafts- und Sozialordnung bedeuten.

Der jüngste Aufschwung der Debatte um ein Bedingungsloses Grundeinkommen vor rund 15 Jahren ist nur vor dem Hintergrund der wirtschaftlichen Entwicklungen und der Wirtschaftspolitik seit der Jahrtausendwende zu verstehen.[3] Die Jahre 2001 bis 2005 markieren die längste Zeit einer wirtschaftlichen Stagnation nach dem zweiten Weltkrieg, und die Arbeitslosenquote erreichte im Jahr 2005 mit einem Wert von 13 Prozent einen neuen Höchststand. Mit den Hartz-Gesetzen wurden in den Jahren 2003 bis 2005 Arbeitsmarktreformen umgesetzt, die noch heute in ihrer Wirkung höchst umstritten sind. Von vielen wurden und werden sie etwa aufgrund der verschärften Zumutbarkeitskriterien oder des Abbaus von Beschränkungen im Bereich der Leiharbeit kritisiert. Parallel zur Umsetzung der Hartz-Reformen ist in Deutschland zudem eine Debatte geführt worden, die sich um noch weitergehende Arbeitsmarktreformen drehte. Und schließlich spielt die immer ungleicher ausfallende Einkommensverteilung, die stark gestiegene Armutsgefährdung und insbesondere die zunehmende – und mittlerweile im europäischen Vergleich sehr hohe – Niedriglohnbeschäftigung in Deutschland eine zentrale Rolle. Die geschilderten Entwicklungen haben letztlich zu einem erheblichen Vertrauensverlust in die Systeme der sozialen Sicherung geführt, was das Interesse an grundlegenden Alternativen befördert hat.

Aktuell werden Forderungen nach einem Bedingungslosen Grundeinkommen häufig auch mit der Digitalisierung begründet. In Erwartung von Rationalisierungsmaßnahmen, deren Basis digitale Technologien seien, werden zum Teil sehr große Arbeitsplatzverluste prognostiziert. Künstliche Intelligenz und die zunehmende Verbreitung von Robotern, so die Befürchtung, werden dazu führen, dass immer weniger menschliche Arbeit zur Produktion der gesellschaftlich gewünschten Güter und Dienstleistungen erforderlich ist. Als Ausweg wird das Bedingungslose Grundeinkommen gesehen, das unter anderem zur Stabilisierung der Massenkaufkraft dienen soll.

Die Hartz-Reformen sind auch nach der hier vertretenen Ansicht abzulehnen, und auch die zunehmende Ungleichverteilung in Deutschland wird als problematisch eingeschätzt. Trotzdem wird das Bedingungslose Grundeinkommen – dies sei hier schon einmal vorausgeschickt – nicht als sinnvoller Vorschlag angesehen, die genannten Probleme zu lösen. Vielmehr handelt es sich um ein sehr einfaches Heilsversprechen, das unter anderem aufgrund der Unübersichtlichkeit des deutschen Sozialsystems und der Komplexität von wirtschafts- und sozialpolitischen Debatten auf fruchtbaren Boden fällt. Es stellt in den

Augen Vieler ganz offensichtlich eine einfache und sozial gerechte Antwort auf komplizierte Sachverhalte dar.

Bevor wir uns kritisch mit dem Bedingungslosen Grundeinkommen befassen und insbesondere seine ökonomischen Folgen abzuschätzen versuchen, bietet Kapitel 2 zunächst einen Überblick über verschiedene BGE-Vorschläge. Dabei wird allerdings keine Gesamtdarstellung aller BGE-Modelle vorgenommen und es werden auch nicht alle Facetten des Themas debattiert. Es werden lediglich die Konzepte der bekanntesten Vertreter_innen behandelt. Kurz dargestellt werden die Vorstellungen bekannter Einzelpersonen wie die des Unternehmers Götz Werner (Gründer der Drogeriemarktkette dm), des früheren Ministerpräsident von Thüringen, Dieter Althaus (CDU) sowie des Ökonomen Thomas Straubhaar. Außerdem wird ein kurzer Blick auf die Debatten in der Partei DIE LINKE geworfen, in der sich eine breite Strömung für ein Bedingungsloses Grundeinkommen ausspricht. Zahlreiche Befürworter_innen finden sich auch bei BÜNDNIS 90/DIE GRÜNEN, deren Überlegungen ebenfalls kurz beleuchtet werden. Viele Unterstützer_innen dieser Idee sind zudem im globalisierungskritischen Netzwerk Attac aktiv – auch hierauf wird kurz eingegangen.

Nach diesem kurzen Überblick im 2. Kapitel, der auch eine grobe Systematisierung der verschiedenen Vorstellungen vornimmt, werden im nachfolgenden Kapitel 3 die zentralen Argumente hinterfragt, die zur Begründung dieser doch recht radikalen sozialstaatlichen Reformkonzepte ins Feld geführt werden. Dabei sind drei wesentliche Argumentationslinien auszumachen: Technologisch bedingte Arbeitslosigkeit, die seit ein paar Jahren insbesondere mit der Digitalisierung und der sogenannten Industrie 4.0 in Verbindung gebracht wird; die schon erwähnte zunehmende Ungleichverteilung von Einkommen und Vermögen sowie Abstiegsängste und zuletzt der demografische Wandel und seine Folgen für die Finanzierung des Sozialstaates.

In Kapitel 4 werden zunächst Überlegungen zu den Auswirkungen der unterschiedlichen Grundeinkommensvorschläge auf die Notwendigkeit einer Arbeitsaufnahme – ökonomisch gesprochen handelt es sich dabei um das sogenannte *Arbeitsangebot* – und auf die gesamtwirtschaftliche Produktion von Gütern und Dienstleistungen angestellt. Dabei wird auch der Frage nachgegangen, ob das Bedingungslose Grundeinkommen durch die Möglichkeit von mehr ehrenamtlichem Engagement einen sinnvollen Beitrag für den bestehenden und sich voraussichtlich weiter verschärfenden Personalmangel im Bereich der personenbezogenen Dienstleistungen leisten kann. Zudem stehen Fragen nach der Finanzierbarkeit und den Auswirkungen auf die Einkommensverteilung im Mittelpunkt des Interesses.

Kapitel 5 rundet das Buch vor dem Nachwort mit einem zusammenfassenden Ausblick ab.

Besonderer Dank bei der Erarbeitung des Buchs gilt Liv Dizinger, Ingo Schäfer, Patrick Schreiner und Susanne Wolf, die den Entwurf zum Buch gegengelesen haben, und denen der Autor zahlreiche Anregungen und Hinweise verdankt. Ferner sei den Mitarbeiter_innen des Büchner-Verlags für die reibungslose Zusammenarbeit und das sorgfältige Lektorat gedankt.

2. Aktuelle BGE-Modelle: Ein Überblick

Unter einem Bedingungslosen Grundeinkommen ist ein Einkommen zu verstehen, »das von einem politischen Gemeinwesen an alle seine Mitglieder individuell, ohne Bedürftigkeitsprüfung und ohne Gegenleistung ausgezahlt wird«.[4] Alle BGE-Vorschläge haben zum Ziel, bedarfsorientierte und bedürftigkeitsgeprüfte Sozialleistungen (Grundsicherung) sowie die Sozialversicherungen und ihre Leistungen ganz oder zumindest zum Teil zu ersetzen. Das heißt mit anderen Worten: Ausnahmslos alle Menschen, die in einem Staat leben, erhalten ein Einkommen, ohne dafür irgendeine Arbeit oder irgendeinen Beitrag leisten zu müssen. Wie hoch das sonstige Einkommen oder der Vermögensbesitz ausfallen, spielt für den Bezug des Grundeinkommens keine Rolle. Die einzige Unterscheidung, die in einigen BGE-Modellen gemacht wird, ist eine Differenzierung nach dem Alter – Kindern wird dann ein niedrigerer Betrag zugestanden als Erwachsenen. Dafür, so die Idee, entfallen dann andere sozialstaatliche Leistungen wie etwa die Sozialhilfe, die derzeit individuell zu beantragen und die durch einen Bedürftigkeitsnachweis zu begründen ist.

Beim BGE sind grundsätzlich zwei verschiedene Formen zu unterscheiden – die sogenannte *Sozialdividende* (oder auch *Existenzgeld*) und die *negative Einkommensteuer*. Eine Sozialdividende wird in ihrer festgesetzten Höhe an die BGE-Berechtigten ausgezahlt, jedes Mitglied des Gemeinwesens erhält monatlich den entsprechenden Betrag auf sein Konto überwiesen. Auch im Falle einer negativen Einkommensteuer wird zwar jedem Berechtigten der festgelegte BGE-Betrag zugestanden. Allerdings wird dieser mit der auf alle sonstigen Einkommen zu zahlenden Einkommensteuer verrechnet: Ausbezahlt wird also das Grundeinkommen vermindert um die Steuerschuld. Übersteigt die Steuerschuld das Grundeinkommen, muss die Differenz als Steuerzahlung beglichen werden.

Ist das BGE nicht auf Existenzsicherung ausgelegt, wird es manchmal auch als »partielles Grundeinkommen« bezeichnet. Es deckt die existenzsichernden Mindestbedarfe dann nur zum Teil.

In den vergangenen Jahren ist eine Vielzahl von BGE-Modellen und -Konzepten zur Diskussion gestellt worden. Hier werden vor allem jene Vorschläge näher betrachtet, die eine gewisse öffentliche Beachtung gefunden haben, und die auch die Gestaltung des Arbeitsmarktes und der sozialen Sicherungssysteme sowie Finanzierungsfragen in den Blick nehmen.[5] Unterscheiden lassen sie sich vor allem im Hinblick auf die politische Zielsetzung, und im Folgenden sollen idealtypisch sozialutopische Konzeptionen und neoliberale Konzeptionen einander gegenübergestellt werden. Diese beiden Konzeptionen unterscheiden sich vor allem im Hinblick auf die konkrete Höhe des BGE und auf die Frage, welche weiteren Maßnahmen im Bereich der Arbeitsmarkt-, Sozial- und Steuerpolitik empfohlen werden.

Sozialutopische BGE-Modelle wollen Existenz und gesellschaftliche Teilhabe durch ein entsprechend hohes Grundeinkommen sichern. Daneben soll der bestehende Sozialstaat ausgebaut und eine generelle Umverteilung von unten nach oben erreicht werden. Die Bezeichnung *sozialutopisch* wird hier bewusst gewählt, da die entsprechenden Vorstellungen einen sozialen Ausgleich der Gesellschaft anvisieren. Sie sind allerdings auch utopisch, da ihre Umsetzung aus verschiedenen, in den folgenden Kapiteln noch zu erläuternden Gründen nicht funktionieren kann.

Im Gegensatz zu sozialutopischen geht es neoliberalen BGE-Konzeptionen um das Aufbrechen »inflexibler Arbeitsmärkte« und damit um die Senkung von Arbeitskosten. Zwar reklamieren auch neoliberale BGE-Modelle ein Streben nach sozialer Gerechtigkeit für sich. Im Kern geht es aber darum, ganz im Sinne wirtschaftsliberaler Ideen Arbeitsmärkte etwa durch die Beseitigung des Kündigungsschutzes zu flexibilisieren und Lohnkosten zu verringern. Die Sinnhaftigkeit von Tarifautonomie und Flächentarifverträgen sowie sozialen Sicherungssystemen wird dabei grundsätzlich in Frage gestellt. Zudem streben neoliberale BGE-Modelle weitreichende Veränderungen im Bereich der Steuerpolitik an, die hohen Einkommen und Vermögen zu Gute kämen – hierauf werden wir im 4. Kapitel ausführlich zu sprechen kommen.

Von den im Bundestag vertretenen Parteien gibt es in der Partei DIE LINKE und in BÜNDNIS 90/DIE GRÜNEN relevante Debatten oder konkrete Vorschläge zur Einführung eines BGE. Die FDP will zwar in Anknüpfung an die Idee einer negativen Einkommensteuer die steuerfinanzierten Sozialleistungen in einer Leistung und an einer staatlichen Stelle zusammenfassen. Selbstverdientes Einkommen soll auf dieses liberale Bürgergeld angerechnet werden.[6] Da das liberale Bürgergeld allerdings nicht bedingungslos gewährt wird, ist es nicht als BGE-Modell zu qualifizieren und wird hier auch folglich nicht behandelt. Eingegangen wird hingegen kurz auf den Diskussionsstand zum BGE bei den Globalisierungskritiker_innen von Attac. Die Modelle von der LINKEN, BÜNDNIS 90/DIE GRÜNEN und Attac möchte ich im Folgenden als sozialutopisch charakterisieren.

In der Partei DIE LINKE hat sich im Jahr 2005 eine Bundesarbeitsgemeinschaft (BAG) Grundeinkommen gebildet, die parteiintern ein nicht zu unterschätzendes Gewicht hat. Zwar gehört die Forderung nach einem BGE nicht zum Parteiprogramm, aber mit Katja Kipping steht eine bekennende BGE-Anhängerin an der Spitze der Partei. Im Oktober 2016 hat die BAG Grundeinkommen das von ihrem Sprecher Stefan Wolf ausgearbeitete Konzept eines »emanzipatorischen Grundeinkommens« verabschiedet, das sowohl eine Variante als Sozialdividende und eine andere Variante als negative Einkommensteuer enthält.[7] Das Modell zielt – flankiert durch weitere Maßnahmen – auf eine Umverteilung von oben nach unten ab und soll darüber hinaus sowohl »die freie Verfügung jedes Menschen über sein eigenes Leben als auch die schrittweise Überwindung der Marktverwertungsabhängigkeit des Menschen ermöglichen.«[8] Arbeitszwang wird abgelehnt, Verhandlungsmacht und Autonomie der abhängig Beschäftigten und ihrer Gewerkschaften werde, so die von der BAG vertretene Meinung, hingegen durch ein Grundeinkommen gestärkt: Ihr BGE-Vorschlag begünstige »die erfolgreiche Durchsetzung von Mindestlöhnen und Arbeitszeitverkürzung, ebenso die ökonomische Besserstellung und Unabhängigkeit der Frauen.«[9] Gefordert wird ein BGE in Höhe von 1.080 Euro für Personen ab 16 Jahren und in Höhe von 540 Euro für Personen bis 16 Jahre. Das Kindergeld wird abgeschafft. Parallel zum BGE sind weitere umfangreiche Maßnahmen wie die Erhöhung des allgemeinen Mindestlohns auf 10 Euro – perspektivisch auf 12 Euro – sowie die Umgestaltung der Kranken- und Pflegeversicherung zu einer gesetzlichen Bürger_innenversicherung vorgesehen. Bürger_innenversicherungsmodelle zeichnen sich dadurch aus, dass den Beiträgen alle Einkunftsarten (Löhne, Gewinne, Einnahmen aus Mieten usw.) zu Grunde liegen und alle Bürger_innen in die Kranken- oder Pflegeversicherung einzahlen. Im Krankheits- oder Pflegefall stehen dann allen Versicherten die gleichen Leistungen zu.

Neben den LINKEN bilden die BGE-Befürworter_innen in der Partei BÜNDNIS 90/DIE GRÜNEN ebenfalls eine relevante Strömung, die sich im Jahr 2007 im *Grünen Netzwerk Grundeinkommen* zusammengeschlossen hat.[10] Das Netzwerk sieht im BGE »eine zentrale Antwort auf die ökonomischen, sozialen und ökologischen Probleme unserer Zeit«.[11] Erklärtes Ziel ist es, »die politischen Entscheidungen innerhalb der Partei BÜNDNIS 90/DIE GRÜNEN in Richtung eines bedingungslosen Grundeinkommens auf den Weg zu bringen.«[12] Mit Blick auf das im Herbst des Jahres 2020 angestrebte neue Grundsatzprogramm hat das Netzwerk im März 2019 ein Positionspapier verabschiedet.[13] In diesem wird ein BGE gefordert, das »Existenz sichern sowie die kulturelle, soziale und politische Teilhabe an der Gesellschaft ermöglichen«[14] soll. Das grüne BGE zielt u.a. darauf ab, sich anderen, nicht bezahlten Tätigkeiten wie Ehrenamt, Pflegearbeit oder Kindererziehung ausreichend widmen zu können. Einhergehen soll die Einführung des BGE, die allerdings »behutsam« zu gestalten sei,[15] mit der Entwicklung der Arbeitslosenversicherung zu einer »Arbeitsversicherung«, die insbesondere Angebote zur Weiterbildung bereitstellt. Außerdem sollen Renten-, Kranken- und Pflegeversicherung zu Bürger_innenversicherungen werden. Des Weiteren wird ein Ausbau der öffentlichen, barrierefreien Infrastruktur angestrebt.

Eine genaue Höhe für das grüne BGE wird in dem Positionspapier nicht genannt, auch zur Finanzierung gibt es keine Ausführungen. Ein konkreter Vorschlag findet sich allerdings in einem Beschluss der Grünen Jugend Hessen aus dem Jahr 2017:[16] Gefordert wird hier ein Grundeinkommen in einer Höhe von monatlich 1.000 Euro für alle Bürger_innen, Kinder sollen 500 Euro pro Monat erhalten. Das BGE soll in Form einer negativen Einkommensteuer ausgezahlt werden.

Auch in der globalisierungskritischen Nichtregierungsorganisation Attac gibt es eine breite Strömung, die für ein Bedingungsloses Grundeinkommen wirbt. Zusammengeschlossen haben sich die BGE-Befürworter_innen in der AG *Genug für Alle*, deren konzeptionelle Vorstellungen in einem Positionspapier zusammengefasst sind.[17] Danach strebt die Attac-AG ein BGE an, das die Existenz sichert und eine umfassende gesellschaftliche Teilhabe ermöglicht. Die Höhe des BGE soll die Pfändungsfreigrenze nicht unterschreiten – diese wird für Juli 2019 mit 1.179,99 Euro angegeben. Eine konkrete Ausgestaltung des BGE in Form einer negativen Einkommensteuer wird als akzeptabel angesehen. Daneben wird für den Ausbau der öffentlichen Daseinsvorsorge plädiert sowie für eine präventive Sozialpolitik und den Ausbau der öffentlichen Infrastruktur. Renten- und Krankenversicherung sollen in solidarisch finanzierte Bürger_innenversicherungen umgewandelt werden. Das BGE-Konzept von Attac sieht über die genannten Punkte hinaus einen gesetzlichen Mindestlohn vor, der bei voller Erwerbstätigkeit ein Einkommen »deutlich oberhalb der Armutsgrenze« garantiert, damit das Grundeinkommen nicht zu Lohnkürzungen führt. Abgesehen vom BGE wird darüber hinaus die Einführung einer Kindergrundsicherung gefordert, die unabhängig von anderen Sozialleistungen gewährt wird und bedarfsdeckend ausfallen soll.

Neben den genannten Gruppierungen und Arbeitszusammenhängen gibt es mit Dieter Althaus, Götz Werner und Thomas Straubhaar drei Einzelpersonen, die in den vergangenen Jahren mit umfangreichen BGE-Konzeptionen an die Öffentlichkeit getreten sind. Ihre Vorschläge folgen eher neoliberalen Vorstellungen.

Dieter Althaus war in den Jahren von 2003 bis 2009 Ministerpräsident von Thüringen. Bereits während seiner Amtszeit hat er sich als Befürworter eines BGE hervorgetan. Die vielleicht bekannteste Person, die ein BGE befürwortet, ist Götz Werner, Gründer der Drogeriemarktkette dm. Und bei Thomas Straubhaar handelt es sich um den einzigen etwas prominenteren Wirtschaftswissenschaftler, der sich für ein BGE ausspricht. Straubhaar ist Professor für internationale Wirtschaftsbeziehungen an der Universität Hamburg und ehemaliger Präsident des wirtschaftswissenschaftlichen Forschungsinstituts *Hamburgisches Welt-Wirtschafts-Archiv* (HWWA). Nach dessen Auflösung leitete er bis 2014 das liberal ausgerichtete *Hamburgische WeltWirtschaftsInstitut* (HWWI).

Das ursprüngliche Konzept von Dieter Althaus stammt aus dem Jahr 2006 und firmierte seinerzeit unter dem Titel *Solidarisches Bürgergeld*.[18] Es sieht bis zu einem Einkommen in Höhe von 1.600 Euro ein »großes Bürgergeld« in Höhe von 800 Euro vor. Das bis zu einer Höhe von 1.600 Euro erzielte Einkommen wird mit 50 Prozent besteuert. Ab einem Verdienst von 1.600 Euro halbiert es sich auf 400 Euro zum »kleinen Bürgergeld«. Parallel sinkt der Steuersatz auf 25 Prozent – es handelt sich beim Althaus-Konzept also um eine negative Einkommensteuer. Kinder erhalten nach Althaus bis zum 18. Lebensjahr ein Bürgergeld in Höhe von 500 Euro. Außerdem wird die Krankenversicherung grundlegend reformiert, indem eine Gesundheits- und Pflegeprämie in Höhe von 200 Euro erhoben werden soll. Ab dem 67. Lebensjahr wird eine Bürgergeldrente in Höhe von 800 Euro (abzüglich der Gesundheits- und Pflegeprämie) sowie eine Zusatzrente in Höhe von maximal

600 Euro gezahlt. Sozialtransfers wie Arbeitslosengeld, Bafög, Kindergeld usw. werden abgeschafft.

Im Jahr 2017 hat Althaus zusammen mit Hermann Binkert – von 2008 bis 2009 Staatssekretär in der Thüringer Staatskanzlei sowie Gründer und Geschäftsführer des 2009 gegründeten Markt- und Sozialforschungsinstituts *INSA Consulere* – unter dem Titel *Das neue Solidarische Bürgergeld* eine aktualisierte Fassung seines ursprünglichen Konzepts vorgestellt.[19] Das Bürgergeld beträgt nun 500 Euro und soll das soziokulturelle Existenzminimum abdecken. Die Einkommensteuer in Form einer *Flat-Tax* (einstufiger Einkommensteuertarif) soll generell 25 Prozent betragen, nur Einkünfte ab 250.000 Euro sollen mit einem Steuersatz in Höhe von 50 Prozent belegt werden. Die reformierte Einkommensteuer soll auch die Körperschafts- und die Gewerbesteuer ersetzen.

Damit kommen wir zum BGE-Vorschlag des Hamburger Ökonomie-Professors Thomas Straubhaar. Auch wenn Straubhaar in Interviews versucht, das Gegenteil zu suggerieren: Sein jüngst publizierter umfangreicher BGE-Vorschlag ist genau wie jener von Dieter Althaus als wirtschaftsliberal zu bewerten.[20] Straubhaar tritt genau wie Dieter Althaus und Götz Werner schon seit mehr als zehn Jahren für ein Bedingungsloses Grundeinkommen ein.[21] Seinen Bekanntheitsgrad steigerte er unter anderem dadurch, dass er zusammen mit zwei Kollegen der Universität Hamburg – darunter der spätere AfD-Gründer Bernd Lucke – im Jahr 2005 den sogenannten *Hamburger Appell* initiierte. Der Aufruf zielte auf die Bundestagswahl im gleichen Jahr, wurde von fast 250 Wirtschaftswissenschaftler_innen unterzeichnet und war extrem neoliberal ausgerichtet: Fiskalischen Ausgabenprogrammen wurde eine Absage erteilt, eine »stabilitätsorientierte Finanzpolitik« angemahnt und außerdem eine verstärkte Lohnspreizung gefordert – Geringverdiener_innen sollten weniger verdienen und die soziale Unterstützung sollte nicht als Lohnersatz, sondern als Lohnzuschuss erfolgen.

Seinen neuen BGE-Vorschlag in Form einer negativen Einkommensteuer[22] bezeichnet Straubhaar selbst als im Kern »nichts anderes als eine fundamentale Steuerreform.«[23] Das bestehende Nebeneinander von Sozial- und Steuersystem solle, so Straubhaar, durch eine einfache und transparente Kombination aus beiden Systemen ersetzt werden. Steuerfreibeträge werden abgeschafft, das gesamte Einkommen wird als Bruttoeinkommen versteuert (z.B. ohne Werbungskostenabzug). Das Grundeinkommen soll alle Sozialleistungen ersetzen (Rente, Arbeitslosengeld, Sozialhilfe, Wohn- und Kindergeld), wodurch auch alle Sozialbeiträge entfallen. Für die Kranken- und Unfallversicherung stellt Straubhaar zwei Alternativen zur Auswahl: ein staatliches Gesundheitswesen oder eine Grundversicherungspflicht in Verbindung mit dem Zwang für die Krankenkassen, Mitglieder unabhängig von Alter, Gesundheitszustand und finanzieller Leistungsfähigkeit aufnehmen zu müssen. Die bestehenden Regelungen am Arbeitsmarkt will Straubhaar stark verändern – der Kündigungsschutz soll verschwinden, und auch die Festlegung von Löhnen durch Tarifverhandlungen soll mit Einführung eines BGE der Vergangenheit angehören.

Einen expliziten Vorschlag zur Höhe des BGE und zur genauen Ausgestaltung der Steuersätze macht Straubhaar nicht. Er hält sowohl einen linearen Steuersatz als auch variable Steuersätze oder Stufensteuersätze für möglich, lässt aber klare Sympathien für einen konstanten Steuersatz erkennen: »Die Konstanz der Steuersätze hat lediglich immense administrative Vorteile. Sie ermöglicht eine einfache Steuererhebung an der Quelle und damit den Verzicht auf eine Steuererklärung.«[24] Die Höhe des Grundeinkommens und damit auch die Art der Finanzierung müsse dabei politisch festgelegt werden.

Damit kommen wir zu der dritten und bekanntesten Person, die in der öffentlichen Wahrnehmung mit der Forderung nach einem Bedingungslosen Grundeinkommen in Verbindung gebracht wird: Götz Werner, Gründer der Drogeriemarktkette dm. Laut seinem WIKIPEDIA-Eintrag setzt sich Werner seit dem Jahr 2005 für ein Bedingungsloses Grundeinkommen ein. Bezug genommen wird hier auf die beiden aktuellsten Veröffentlichungen von Werner. Zum einen auf sein 2018 neu aufgelegtes und überarbeitetes Buch *Einkommen für alle*, das er ursprünglich im Jahr 2007 publiziert hatte, und zum anderen auf das ein Jahr früher zusammen mit Matthias Weik und Marc Friedrich verfasste Buch *Sonst knallt's! Warum wir Wirtschaft und Politik radikal neu denken müssen.*

Nach Werner dient das BGE dazu, ein »*bescheidenes* Dasein in Würde und Freiheit – kein Leben in Saus und Braus«[25] zu führen. An anderer Stelle spricht Werner davon, dass ein BGE der Existenzsicherung dienen solle und darüber hinaus ein Kulturminimum absichern müsse, »denn der Mensch ist ein Kulturwesen.«[26] Woran sich Existenzsicherung und Kulturminimum bemessen, lässt er allerdings unbeantwortet. Eine genaue Höhe für sein BGE nennt Werner auch nicht – einmal diskutiert er das BGE auf Basis von 1.000 Euro, während er an einer anderen Stelle 1.500 Euro ins Spiel bringt.[27] Zudem verweist er auf nicht näher erläuterte und wohl einige Jahre zurückliegende Modellrechnungen, nach denen ein BGE in Höhe von 800 Euro lediglich zu einer Finanzierungslücke in Höhe von 70 Milliarden Euro führen würde.[28] Diese Ungenauigkeit und Unklarheit in der Argumentation hat bei Werner durchaus System – wohl ganz im Sinne des Sprichworts »Wo ein Wille ist, ist auch ein Weg«:

> »Es wäre mir lieber, wenn möglichst viele die Idee des Grundeinkommens erst einmal denken könnten, bevor die großen Berechnungen angestellt werden. Denn meine Maxime ist: Wenn man etwas machen will, dann muss man es erst einmal denken können. Wenn man es dann wirklich will, findet man auch Wege. Und wenn man es nicht will, findet man Gründe.«[29]

Mit dem BGE will Werner auf der einen Seite den Niedriglohnsektor bekämpfen – so ist der Titel eines Unterkapitels in seinem Buch aus dem Jahr 2018 *Niedriglohnsektor, nein danke!*[30] – doch er ist auf der anderen Seite der Ansicht, dass die Arbeitskosten ein wirtschaftliches Grundproblem darstellen: »Denn weil menschliche Arbeit endlich wieder erschwinglich würde, könnte die viel beschworene Dienstleistungsgesellschaft endlich kommen!«[31] Letztlich folgt Werner damit wie Althaus und Straubhaar neoliberalen Vorstellungen, dass ein zu hoch regulierter Arbeitsmarkt in Form von Kündigungsschutz und tarifvertraglichen Regulierungen das zentrale wirtschaftliche Problem sei.

Bei der Einführung des BGE plädiert Werner für die »Wellenmethode«, das heißt, das Grundeinkommen soll in mehreren Schritten für jeweils einzelne Personengruppen eingeführt werden: erst für Kinder, dann für alte Menschen, danach für Alleinerziehende und die Pflegenden von Angehörigen und zum Schluss schließlich für alle Menschen.[32] Besonders ausführlich befasst sich Werner mit der Finanzierung eines Bedingungslosen Grundeinkommens. Dabei hat er mit seinem einfachen Finanzierungsvorschlag durchaus ein Alleinstellungsmerkmal: Er will sämtliche Steuern mit Ausnahme der Mehrwertsteuer abschaffen und das BGE sowie sämtliche öffentlichen Leistungen, die der Staat noch bereitstellen soll, durch eine Besteuerung des Konsums finanzieren. Eine Darstellung der Details seiner Argumentation sowie eine finanz- und verteilungspolitische Bewertung erfolgt in Kapitel 4.

3. Argumente für ein Bedingungsloses Grundeinkommen – und ihre Tragfähigkeit

In diesem Kapitel werden die zentralen Argumente für ein BGE beleuchtet. Das Hauptargument, welches sowohl für neoliberale als auch für sozialutopische BGE-Vorstellungen angeführt wird, ist eine hohe technologisch bedingte Arbeitslosigkeit. Dabei wird davon ausgegangen, dass in entwickelten kapitalistischen Ländern aufgrund von Produktivitätsentwicklungen die Arbeit ausgeht. Seit wenigen Jahren wird dabei insbesondere auf den Einsatz von Robotern und die sogenannte Digitalisierung Bezug genommen.

Ein weiteres Argument pro BGE ist die wachsende Verteilungsungerechtigkeit, die stark gestiegene Armutsgefährdung und insbesondere die zunehmende Niedriglohnbeschäftigung in Deutschland. Diese Befunde sind ein wichtiger Bezugspunkt für sozialutopische BGE-Konzepte: Sie streben durch ein BGE in Verbindung mit dem Ausbau der sozialen Sicherungssysteme sowie weitere umverteilende Maßnahmen eine ausgeglichenere Einkommens- und Vermögensverteilung an.

Kurz eingehen wollen wir auch noch auf das von Thomas Straubhaar bemühte Argument, dass der zunehmende Anteil älterer Menschen und die sinkende Gesamtbevölkerung schwerwiegende Auswirkungen auf die sozialen Sicherungssysteme haben. Auf dieses Problem, so Straubhaar, gebe das BGE die richtige Antwort.

3.1 Technologische Arbeitslosigkeit und Digitalisierung

Es gibt fast keinen BGE-Vorschlag, der nicht mit der Auswirkung des technischen Fortschritts begründet wird. Der Einsatz von moderner Technologie – so die These – führe dazu, dass immer weniger Beschäftigte von den Unternehmen für ihre Produktion gebraucht würden. Ein Bedingungsloses Grundeinkommen sei geeignet, die Existenz aller Menschen zu sichern, auch wenn nicht genug Arbeit und damit die Möglichkeit zur Erzielung von Einkommen vorhanden sei. Außerdem stelle das BGE Kaufkraft zur Verfügung, um für ausreichend Nachfrage nach den erzeugten Gütern und Dienstleistungen zu sorgen. Viele Menschen würden so in die Lage versetzt, ihren künstlerischen Interessen nachzugehen, sich pflegerischen Tätigkeiten oder der Betreuung ihres Nachwuchses zu widmen.

Tatsächlich ist der technische oder technologische Fortschritt ein wesentliches Merkmal des Kapitalismus. Die Rationalisierung von Herstellungsmethoden aber auch von betrieblichen Abläufen, Geschäftsprozessen usw. werden auch als *Prozessinnovationen* bezeichnet. Sie zielen darauf ab, die Arbeitsproduktivität zu steigern, also je Erwerbstätiger_m bzw. je Arbeitsstunde immer mehr Güter zu produzieren. Durch den Wettbewerb dazu gezwungen, konkurrieren Unternehmen gegeneinander um Marktanteile – Prozessinnovationen sind dabei ein wichtiger Parameter: Sie sollen Kosten senken, die produzierten Waren verbilligen und so einen höheren Absatz und/oder Extragewinne für die Unternehmen ermöglichen.

Die geschilderten Abläufe, so die häufig aufgestellte Behauptung, haben einen Verlust an Beschäftigung zur Folge. Unterstellt wird dabei im Extremfall, dass in entwickelten kapitalistischen Ländern aufgrund der Produktivitätssteigerungen die Arbeit ausgehe: Da der Produktivitätsanstieg im Trend über dem Wirtschaftswachstum liege, sei technologisch bedingte Arbeitslosigkeit das Ergebnis. Hinzu komme als grundsätzliches Problem, dass auf vielen Märkten Sättigungstendenzen zu beobachten seien: Der Bedarf an Waren und Dienstleistungen sei gedeckt und nicht mehr steigerbar. Ein hoher Beschäftigungsstand oder gar Vollbeschäftigung, so die Behauptung, sei deshalb eine Illusion: Das Arbeitsvolumen, also der zur Produktion des gesamten Sozialproduktes notwendige Arbeitsaufwand, gemessen in Stunden, sinke beständig.[33]

Aktuell wird das Szenario einer technologisch bedingten Arbeitslosigkeit mit den bereits erfolgten bzw. noch zu erwartenden Digitalisierungsprozessen begründet. Neu sind solcherlei Behauptungen nicht: Schon in den 1980er Jahren war es der Computerchip, der angeblich massenhaft Arbeitsplätze vernichten werde. Auch BGE-Sympathisant_innen wie Götz Werner oder auch der Soziologe Ulrich Beck vertraten schon vor längerer Zeit solcherlei Annahmen. Bezugspunkt ist dabei häufig die These vom *Ende der Arbeit* des amerikanischen Ökonomen und Publizisten Jeremy Rifkin.[34] Aktuell bezieht sich beispielsweise neben Götz Werner und Thomas Straubhaar auch der Honorarprofessor für Philosophie und Publizist Richard David Precht auf diese These.[35]

Als *Digitalisierung* ist im engeren Sinne das Übertragen von analogen Informationen auf digitale Speichermedien zu verstehen, wodurch diese Informationen elektronisch verarbeitet werden können. Im weiteren Sinne wird darunter in Anlehnung an den Begriff der industriellen Revolution, die vor rund 200 Jahren dampfkraftgetriebene mechanische Produktionsanlagen hervorbrachte, die *digitale Revolution* verstanden: Letztere führe ebenfalls zu einem Umbruch, der alle Lebensbereiche erfasse.

Tatsächlich verändert die Digitalisierung die Arbeitswelt – hierauf zielt das (allerdings nur in Deutschland gebräuchliche) Schlagwort *Industrie 4.0* ab. Die Digitalisierung leitet demnach eine vierte technologische Revolution ein – die Grundlage der drei vorangehenden Revolutionen waren die Dampfmaschine, das Fließband und die Automatisierung durch Mikroelektronik. Technologische Basis von Industrie 4.0 sind sogenannte *cyber-physische Systeme*, die virtuelle und reale Welt miteinander verbinden. Die Produktionsmittel (Maschinen, Roboter und Computer) werden über das Internet miteinander vernetzt. Über Sensoren, Antriebselemente (sogenannte Aktoren) und Software steuert sich der Produktionsprozess weitgehend selbst. Große Fortschritte wurden bisher insbesondere im Bereich der Bild- und Objekterkennung erzielt. Durch die Digitalisierung werden neue flexibilisierte Arbeitsformen möglich, wie zum Beispiel *Crowdworking* (Arbeit über Internetplattformen). Die politische Ausgestaltung von Entlohnung, Arbeitsbedingungen und sozialer Absicherung dieser neu entstehenden Beschäftigungsformen ist eine wichtige wirtschaftliche und gesellschaftliche Herausforderung. Dieser durchaus relevante Aspekt der Digitalisierung soll aber nicht weiter behandelt werden, da hier die Wirkung von technologischen Neuerungen auf das Gesamtvolumen an zur Verfügung stehender Arbeit von Interesse ist.

Einen starken Einfluss auf die Debatte um die Auswirkungen der Digitalisierung haben die beiden von Erik Brynjolfsson und Andrew McAfee im Jahr 2012 bzw. 2017 publizierten Bücher *The Second Machine Age* und *Machine, Platform, Crowd*. Digitalisierung ist nach Auffassung von Brynjolfsson/McAfee eine universell wirkende Technologie, die immer neue Innovationen nach sich zieht und so einen Strukturbruch einleitet. Als Folge davon machen Brynjolfsson/McAfee insbesondere ein zunehmendes Einkommensgefälle aus:

> »Technologie ist sicher nicht die einzige Kraft, die das Gefälle vergrößert, doch sie gehört zu den Hauptursachen. Die moderne Informationstechnologie begünstigt stets die höher qualifizierten Arbeitskräfte, sorgt dafür, dass mehr Ertrag auf die Eigentümer von Kapital entfällt als auf Arbeit, und verschafft den Superstars noch mehr Vorsprung vor allen anderen. All diese Trends lassen die Schere größer werden – zwischen Beschäftigten und Arbeitslosen, zwischen hoch und minder Qualifizierten, zwischen den Superstars und dem Rest der Welt. Aus allem, was wir in letzter Zeit erlebt und erfahren haben, können wir nur schließen, dass künftige Technologien

unter sonst gleichen Bedingungen die Spreizung ebenso vergrößern wie die Fülle.«[36]

Bei der Frage, wie der technische Fortschritt auf die Beschäftigung wirkt, sind Brynjolfsson/McAfee allerdings vorsichtiger. Sie verweisen zum einen auf die langfristige Entwicklung der vergangenen 200 Jahre, die sowohl die Produktivität als auch die Beschäftigung gesteigert hat. Eine technologisch bedingte Arbeitslosigkeit sehen sie also rückwirkend nicht. Jedoch machen Brynjolfsson/McAfee seit Ende der 1990er Jahre eine Entkopplung von Produktivität und Beschäftigung aus und legen die Vermutung nahe, dass in Zukunft technologische Arbeitslosigkeit entstehen könne. Als angemessene Antwort ziehen beide die Einführung eines BGE in Betracht – wobei sie der Auffassung sind, dass eine negative Einkommensteuer besser sei als ein ausbezahltes Existenzgeld.[37]

Grundsätzlich ähnlich wie Brynjolfsson/McAfee argumentiert Martin Ford in seinem 2015 publizierten und breit rezipierten Buch *Rise of the Robots* (deutsch: *Aufstieg der Roboter*). Allerdings malt Ford mit Blick auf die Beschäftigungswirkungen schon fast ein apokalyptisches Bild: Künstliche Intelligenzen und Roboter machten Tätigkeiten in allen möglichen Bereichen überflüssig und erzeugten technisch bedingte Arbeitslosigkeit. Zudem bringe eine immer ungleichere Einkommensverteilung einen Nachfragemangel hervor – vor diesem Hintergrund spricht sich Ford für die Einführung eines Bedingungslosen Grundeinkommens aus.[38] Wenn es um die Folgen der Digitalisierung geht, dann spielt neben den aufgeführten Arbeiten von Brynjolfsson/McAfee und Ford eine Studie von Carl Benedikt Frey und Michael A. Osborne aus dem Jahre 2013 eine zentrale Rolle. Im Rahmen ihrer Studie gehen die beiden Forscher von der Universität Oxford der Frage nach, wie sich technologische Veränderungen im Bereich der Künstlichen Intelligenz und der Robotik auf verschiedene Tätigkeiten und die Automatisierbarkeit von Berufen in den USA auswirken. Grundlage hierfür sind subjektive Einschätzungen von Computer- und Technologieexperten zur Automatisierbarkeit von Berufen. Nach Frey/Osborne arbeiten 47

Prozent der Beschäftigten in den USA in Berufen, die eine Automatisierungswahrscheinlichkeit von mehr als 70 Prozent und damit in den nächsten zehn bis 20 Jahren ein hohes Freisetzungsrisiko aufweisen.

Im Auftrag des Bundesministeriums für Arbeit und Soziales haben im Jahr 2015 Wissenschaftler_innen vom *Zentrum für Europäische Wirtschaftsforschung* in Mannheim die Studie von Frey/Osborne auf Deutschland übertragen.[39] In einem ersten Schritt wurde die Analyse der beiden Oxford-Ökonomen dabei auf Deutschland angewendet. Das für Deutschland ermittelte Freisetzungsrisiko von 42 Prozent ist geringer als in den USA. In einem zweiten Schritt wurde die Analyse verfeinert, indem die Automatisierungswahrscheinlichkeit von einzelnen Tätigkeitsbereichen an den Arbeitsplätzen und nicht von ganzen Berufsbildern zu Grunde gelegt wurde. Auf dieser Basis schrumpft die Zahl der Arbeitsplätze mit hoher Automatisierungswahrscheinlichkeit auf neun Prozent für die USA und zwölf Prozent für Deutschland.

Auch zwei Wissenschaftlerinnen des *Instituts für Arbeitsmarkt- und Berufsforschung* – einer Forschungseinrichtung der *Bundesagentur für Arbeit* – haben sich im Jahr 2015 ausgehend von der Frey/Osborne-Studie mit den Folgen der Digitalisierung für die Beschäftigungsentwicklung befasst.[40] Für die Analyse wurde dabei auf Berufsdaten der Bundesagentur für Arbeit zurückgegriffen und untersucht, ob die jeweiligen Arbeitsanforderungen von Computern oder computergesteuerten Maschinen ersetzt werden können. Ist dies der Fall, dann wird dies als Routinetätigkeit interpretiert. Falls 70 Prozent der Tätigkeiten als Routine zu klassifizieren sind, besteht für den Beruf eine hohe Automatisierungswahrscheinlichkeit. Aus dieser Annahme ergibt sich, dass 15 Prozent der sozialversicherungspflichtig Beschäftigten in einem Beruf mit einer hohen Freisetzungswahrscheinlichkeit arbeiten. Im Rahmen einer Aktualisierung ihrer Berechnungen im Jahr 2018 kommen die beiden Autorinnen allerdings zu dem Ergebnis, dass die ursprünglich von ihnen ermittelte Freisetzungswahrscheinlichkeit im Laufe von drei Jahren um 10 Prozentpunkte auf 25 Prozent gestiegen ist.[41]

So interessant die Befunde von Frey/Osborne und die hieran anknüpfenden Forschungsarbeiten auch sein mögen – anders als häufig interpretiert sind sie für die gesamtwirtschaftliche Beurteilung der Auswirkungen der Digitalisierung auf die Beschäftigung ohne Bedeutung. Und das aus mehreren Gründen: Zum einen treffen sie überhaupt keine Aussage darüber, ob die von ihnen ausgemachte Freisetzungswahrscheinlichkeit der Digitalisierung sich substanziell von anderen Techniken unterscheidet – das heißt, sie stellen keine historischen Vergleiche an. Es könnte durchaus sein, dass zu früheren Zeiten neu eingeführte Technologien wesentlich größere Auswirkungen auf die seinerzeit ausgeübten Tätigkeiten und Berufe hatten. Zum anderen – und das ist entscheidend – liefern alle aufgeführten Studien keine gesamtwirtschaftlichen Analysen, die auch mögliche Kompensationseffekte in die Betrachtung mit einbeziehen müssten. Sie treffen keine Aussage darüber, ob beispielsweise die mit zunehmender Produktivität möglichen Einkommenssteigerungen nicht an anderer Stelle wieder zu Nachfrage, Produktion und Beschäftigung führen.

Eine modellbasierte Berechnung, die die Auswirkungen der Digitalisierung in der Gesamtwirtschaft analysiert, ist im Jahr 2016 veröffentlicht worden.[42] Dabei wird unter anderem eine bis zum Jahr 2025 vollständig digitalisierte Arbeitswelt mit einem Zustand verglichen, der bis 2025 bei Fortschreibung der aktuellen technologischen Entwicklung erreicht sein würde. Zwar kommt es im Digitalisierungsszenario zu einem beschleunigten Strukturwandel hin zu mehr Dienstleistungen sowie deutlichen Veränderungen der Branchen-, Berufs- und Anforderungsstruktur. Unter anderem wird eine zunehmende Wertschöpfung und aufgrund von höheren Anforderungen an die Beschäftigten eine größere Lohnsumme prognostiziert. Die Auswirkungen des Digitalisierungsszenarios auf die Arbeitsnachfrage fallen mit einem Minus in Höhe von gerade einmal 30.000 Arbeitsplätzen gemessen am aktuellen Beschäftigungsstand von rund 45 Millionen Erwerbstätigen allerdings extrem gering aus.

Ganz generell ist an der Begründung des BGE durch technologische Arbeitslosigkeit befremdlich, dass sehr häufig Behauptungen bezüglich der Wirkung von Produktivitätssteigerungen aufgestellt werden, ohne den theoretischen Stand in den Wirtschaftswissenschaften zur Kenntnis zu nehmen. Auch Daten zur Produktivitätsentwicklung bzw. zur Entwicklung von Produktion und Arbeitsvolumen werden in der Regel nicht herangezogen. Dies ist angesichts einer unter Ökonomen lange Zeit sehr kontrovers geführten Debatte über die Auswirkungen des technischen Fortschritts und des damit einhergehenden Produktivitätsanstiegs erstaunlich. Denn schon im 19. Jahrhundert machten sich Ökonomen wie *David Ricardo* und *Karl Marx* Gedanken über die Auswirkungen der permanenten Steigerung der Pro-Kopf-Produktion auf die Gesamtbeschäftigung – diese Frage beschäftigt letztlich immer wieder die ökonomische Wissenschaft.[43]

Die letzte große Auseinandersetzung zur Frage der Wirkung des technischen Fortschritts auf die Beschäftigung ist in der jüngeren Vergangenheit in den 1980er und auch noch in den 1990er Jahren unter dem Schlagwort *Kompensation versus Freisetzung* geführt worden. Hintergrund dieser Debatte war die Durchsetzung von Produkt- und Prozessinnovationen auf Basis der Mikroelektronik – in diesem Zusammenhang wurde teilweise von einer »dritten industriellen Revolution« gesprochen.[44]

Vertreter der sogenannten *Freisetzungshypothese* gehen davon aus, dass durch fortlaufenden technischen Wandel das Tempo des Wachstums der Arbeitsproduktivität über demjenigen der Produktion liegt. In diesem Falle ist der Anstieg der Pro-Kopf-Produktion größer als die Zunahme der insgesamt erzeugten Güter und Dienstleistungen – die benötigte und von den Unternehmen nachgefragte Beschäftigung geht zurück. Die Folge davon sei technisch bedingte Arbeitslosigkeit. Dieser pessimistischen Sichtweise steht die optimistische Meinung gegenüber, laut der Freisetzungseffekte kompensiert werden, weil durch unterschiedliche Faktoren neue Beschäftigung entstehe.

Systematisch lassen sich bei der Frage, ob technisch bedingte Freisetzungen kompensiert werden können, insbesondere folgende fünf Argumente diskutieren.

Produktinnovationen

Bei einer Produktinnovation handelt es sich um ein neues Produkt oder eine neue Dienstleistung, die auf dem Markt angeboten wird. Hinter Produktinnovationen stehen häufig neue Technologien. Der auf Produktinnovationen beruhende Kompensationseffekt setzt darauf, dass das neue Angebot eine Ausweitung der Konsumnachfrage und damit einhergehende Produktions- und Beschäftigungseffekte auslöst. Dieses Argument greift jedoch nur dann, wenn andere ebenfalls konsumierte Güter und Dienste dadurch nicht verdrängt werden. In diesem Fall müssen die Verbraucher zudem bereit sein, weniger zu sparen. Oder ihre Einkommen müssen sich für den zusätzlichen Konsum erhöhen. Häufig erfolgt jedoch kein zusätzlicher Konsum, sondern es kommt zu Verdrängungsprozessen – das heißt, das neue Produkt verdrängt ein altes. Beispiele hierfür finden sich etwa im Bereich des Konsums von Musik. So verdrängte der CD-Player den Schallplattenspieler, um jetzt selbst von Streaming-Diensten abgelöst zu werden. In Fällen wie dem gewählten Beispiel aus der Musikindustrie ist für die Beschäftigungswirkung der jeweiligen Produktinnovation entscheidend, wie hoch der Unterschied beim Arbeitsaufwand zur Produktion des neuen gegenüber dem ersetzten Produkt ausfällt.

Kaufkraftkompensationsargument

Ausgangspunkt des Kaufkraftkompensationsarguments sind die schon erläuterten Prozessinnovationen: Durch effizientere Produktionsverfahren werden die Kosten pro produzierter Einheit gesenkt. Eine solche

Kostensenkung kann von einem Unternehmen zur Preissenkung genutzt werden – mit dem Ziel, auf diesem Wege mehr produzierte Einheiten zu verkaufen und so den Gewinn zu steigern. Werden die Preise nicht gesenkt, erhöht sich der Gewinn je produziertem Gut. Denkbar ist auch, dass die Beschäftigten höhere Löhne durchsetzen können. Möglich ist natürlich auch eine Mischung aus den genannten Effekten – zum Beispiel könnte das Unternehmen die Kostensenkung nicht eins zu eins in Preissenkungen weitergeben, sondern zum Teil die Löhne der Beschäftigten erhöhen. Was auch immer geschieht, zunächst einmal scheint eine erhöhte Kaufkraft garantiert, die dann auch die Beschäftigung stabilisiert: Sinkende Preise erhöhen die bestehende Kaufkraft, und auch steigende Löhne oder Gewinne stellen eine potenziell erhöhte Kaufkraft bei gleichbleibenden Preisen dar. Die Frage ist allerdings, wie bzw. wofür diese zusätzliche Kaufkraft eingesetzt wird. Führen die Kosten- zu Preissenkungen, können konkurrierende Unternehmen aus dem Markt gedrängt werden. Beschäftigte verlieren dann ihre Jobs und ihr Einkommen – die gesamtwirtschaftliche Kaufkraft würde sinken. Steigen die Gewinne aufgrund der Kostenersparnisse, dann können die Unternehmenseigner das Geld beschäftigungswirksam ausgegeben – sie können es aber auch sparen. Arbeitsplätze entstehen in letzterem Falle nicht. Dass die Unternehmenseigner das Geld sparen ist nicht unwahrscheinlich, da Gewinne insbesondere Haushalten mit großen Einkommen zufließen. Und diese Haushalte sparen einen deutlich größeren Anteil ihres Einkommens als Haushalte im mittleren und unteren Einkommensbereich.

Maschinenherstellungsargument

Dieses Argument verweist darauf, dass produktivere Maschinen in der Investitionsgüterindustrie hergestellt werden müssen, und dass negative Beschäftigungswirkungen aufgrund von innovativen Technologien durch ihre Herstellung kompensiert werden können. Das heißt mit anderen Worten: Die *Anwendung* von beschäftigungssparenden digitalen Technologien wie Robotern wird etwa durch die *Produktion* von Robotern ersetzt. Dem kann jedoch entgegengehalten werden, dass in der Produktion der produktiveren Maschinen die neuen innovativen Technologien selbst angewendet werden, und dass die Produktion von neuen Maschinen erheblich kürzer dauert als ihre spätere Anwendung in der Produktion.

Erhöhte internationale Wettbewerbsfähigkeit

Einen weiteren Kompensationsmechanismus stellt nach Meinung der Kompensationsoptimisten die Verbesserung der internationalen Wettbewerbsfähigkeit als Folge von Prozessinnovationen dar. Das heißt, hier sollen durch technologische Verbesserungen Kostensenkungen erreicht werden, die durch entsprechende Preisreduktionen die Verkaufszahlen auf dem Weltmarkt erhöhen. Allerdings ist auch diese exportorientierte Kompensation unsicher. So wird im Fall flexibler Wechselkurse höchstwahrscheinlich eine Aufwertung der heimischen Währung eintreten, wodurch die Exporte ins Ausland teurer werden. Außerdem kann es im Ausland durch konjunkturelle Schwierigkeiten zu Absatzeinbußen kommen, und das Ausland kann durch protektionistische Maßnahmen diese Kompensationsmöglichkeit unterlaufen. Und natürlich werden andere Länder versuchen, die erfolgreichen technologischen Innovationen ebenfalls einzuführen – insgesamt, so ist festzuhalten, kann auch diese Art der Kompensation scheitern.

Faktorsubstitutionsthese – sinkende Löhne, um Rationalisierungen aufzuhalten

Der Name »Faktorsubstitutionsthese« – das fünfte und letzte hier aufgeführte Argument – leitet sich etwas vereinfacht dargestellt aus der Idee ab, dass vor allem die beiden Produktionsfaktoren Kapital (= Maschinen) und Arbeit in der Produktion zum Einsatz kommen. Um den produktivitätssteigernden und Arbeit freisetzenden Einsatz von Kapital zu verhindern, müssen die Löhne sinken. Unterstellt wird mithin, dass die Einführung einer produktiveren und kostensenkenden Technologie und mögliche Freisetzungen von Arbeitskräften verhindert werden können, wenn die Beschäftigten durch Lohnsenkungen für eine Minderung der Gesamtkosten sorgen. Dieses Argument ist besonders realitätsfern, da die Rentabilität der meisten Rationalisierungsinvestitionen so hoch ausfällt, dass die Lohnpolitik irrelevant ist. Zu denken ist etwa an die noch im 18. Jahrhundert übliche Reise mit der Pferdekutsche: Selbst wenn die Kutscher auf ihren kompletten Lohn und die Pferde auf ihr Futter verzichtet hätten, wäre der Siegeszug von Bahn, Auto und Flugzeug nicht aufzuhalten gewesen.

Das Ergebnis der Debatte ist insgesamt wenig befriedigend, da auf der theoretischen Ebene nicht entschieden werden kann, ob technologische Arbeitslosigkeit auftritt oder nicht. Dauerhafte Freisetzungen können, müssen aber aufgrund der beschriebenen Kompensationsmöglichkeiten nicht die Folge von Produktivitätssteigerungen sein. Auf jeden Fall ist es theoretisch nicht begründbar, von Freisetzungseffekten durch den technologischen Fortschritt auszugehen. Das Gegenteil gilt allerdings auch: Ganz grundsätzlich könnten Prozessinnovationen auch längerfristige Freisetzungen zur Folge haben. Es ist erstaunlich, dass auf diese Debatte und ihre Erkenntnisse im Rahmen des Grundeinkommensdiskurses bisher höchstens in Bruchstücken Bezug genommen wird.

Jenseits der theoretischen Auseinandersetzung werden auch keine überzeugenden empirischen Fakten angeführt, um die These von einer technologisch bedingten Arbeitslosigkeit zu belegen – ganz im Gegenteil. Wenn dies überhaupt erfolgt, dann wird entweder auf das sinkende Arbeitsvolumen,[45] also die insgesamt von allen Beschäftigten in einem Jahr geleisteten Arbeitsstunden, oder auf das sinkende Arbeitsvolumen pro Kopf in Deutschland[46] verwiesen. Das Arbeitsvolumen pro Kopf zeigt, wie viel Zeit für die Versorgung einer Person im Durchschnitt gearbeitet werden muss. Durchgehende Daten für das Arbeitsvolumen stehen für eine größere Zahl von Ländern seit dem Jahr 1970 zur Verfügung. Zwar ist für Deutschland seit Anfang der 1970er Jahre tatsächlich zunächst ein im Trend sinkendes Arbeitsvolumen bzw. ein sinkendes Arbeitsvolumen pro Kopf auszumachen,[47] wobei allerdings der Strukturbruch durch die Vereinigung von Ost- und Westdeutschland Anfang der 1990er Jahre zu beachten ist. Das Arbeitsvolumen (Abbildung 1) sinkt in Westdeutschland nur bis Mitte der 1980er Jahre, danach steigt es wieder. Eine ähnliche Entwicklung ist dann seit Anfang der 1990er Jahre im vereinigten Deutschland zu beobachten: Nach einem Rückgang erhöht sich das Arbeitsvolumen nach dem Jahr 2005 relativ kontinuierlich und liegt aktuell über dem Arbeitsvolumen des Jahres 1991.

Abbildung 1: Die Entwicklung des Arbeitsvolumens (Mio. Stunden) in Deutschland 1970–2018

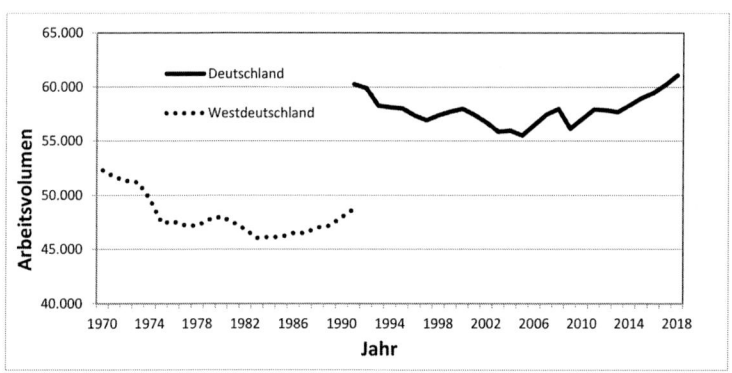

Quelle: OECD.

Ein längerer kontinuierlicher Rückgang ist dagegen beim Arbeitsvolumen pro Kopf (Abbildung 2) in Deutschland zu beobachten: Dieser dauert – ohne dass die Vereinigung Deutschlands Spuren hinterlässt –

bis zum Jahr 2005 an. Danach erhöht sich der Pro-Kopf-Wert des Arbeitsvolumens und liegt aktuell fast wieder auf dem Niveau des Jahres 1991.

Abbildung 2: Die Entwicklung des Arbeitsvolumens pro Kopf in Deutschland 1970–2018

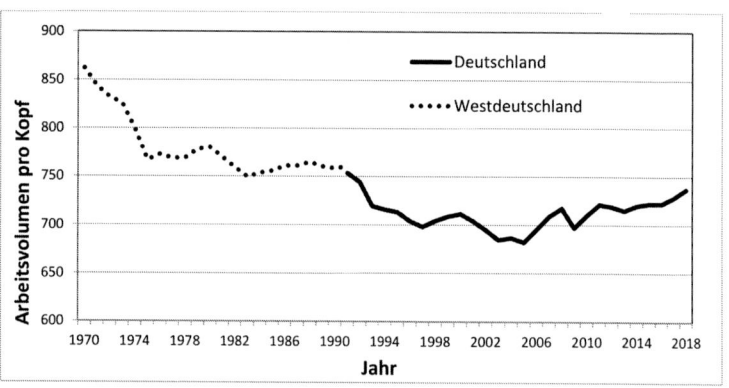

Quelle: OECD und Eurostat, eigene Berechnung.

Bei der hier aufgeworfenen Frage, ob der Gesellschaft die Arbeit auszugehen droht, sollte die Entwicklung nicht nur in Deutschland, sondern in möglichst vielen Ländern in die Betrachtung einbezogen werden. Ein isolierter Blick auf ein Land ist wenig aussagekräftig, schließlich können hier Sonderentwicklungen vorliegen, etwa verursacht durch wirtschaftspolitische Fehlentscheidungen. Im Hinblick auf das Arbeitsvolumen stellt die OECD eine Zeitreihenentwicklung ab 1970 für 22 Staaten zur Verfügung, während das Europäische Statistische Amt (Eurostat) Daten zur Bevölkerungsentwicklung bereitstellt.

Tabelle 1 zeigt die Entwicklung des Arbeitsvolumens für den Zeitraum 1970–2017/18. Ein niedrigeres Arbeitsvolumen im Jahr 2017 bzw. 2018 gegenüber dem Ausgangsjahr 1970 stellt im internationalen Vergleich eine Ausnahme dar – lediglich in Finnland, Dänemark und Japan fällt das jährliche Arbeitsvolumen um sechs bis acht Prozent geringer aus als im Ausgangsjahr.

3. Argumente für ein Bedingungsloses Grundeinkommen 35

Tabelle 1: Die Entwicklung des Arbeitsvolumens (in Mio. Stunden) von 1970–2017/18 in ausgewählten Staaten

Jahr	1970	1980	1990	2000	2010	2017/ 2018	Differenz 1970– 2017/18	Differenz in Prozent des Jahres 1970
Australien	10.194	11.617	14.277	16.488	19.651	21.696[1]	11.501	113 %
Belgien	7.010	6.435	6.387	6.553	6.916	7.430[2]	420	6 %
Kanada	16.399	20.393	24.100	26.799	29.459	31.926[1]	15.527	95 %
Dänemark	4.449	3.968	3.794	4.039	3.965	4.136[2]	-313	-7 %
Finnland	4.308	4.156	4.188	3.821	3.953	3.961[1]	-347	-8 %
Frankreich	42.472	40.893	38.871	39.897	41.338	42.822[2]	350	1 %
Großbritannien	43.837	40.571	43.585	43.132	44.006	49.903[2]	6.066	14 %
Irland	2.546	2.542	2.499	3.278	3.179	3.942[2]	1.396	55 %
Island	175	196	228	266	246	298[2]	123	70 %
Italien	40.834	39.796	42.274	42.608	44.015	43.642[2]	2.808	7 %
Japan	122.717	125.053	131.198	119.476	113.501	115.427[1]	-7.290	-6 %
Korea	28.098	39.183	48.407	53.039	51.433	53.943[1]	25.845	92 %
Luxemburg	261	268	308	423	545	676[2]	415	159 %
Neuseeland	2.464	2.826	2.685	3.231	3.789	4.495[1]	2.031	82 %
Niederlande	10.116	9.411	9.886	12.010	12.463	13.365[2]	3.249	32 %
Norwegen	3.012	3.079	3.094	3.379	3.696	4.014[2]	1.002	33 %
Portugal	6.426	7.173	8.059	8.875	8.454	8.462[2]	2.036	32 %
Schweden	6.246	5.985	6.619	6.451	6.718	7.520[2]	1.274	20 %
Schweiz	6.365	5.881	6.686	6.768	7.277	7.861[1]	1.496	23 %
Spanien	26.929	24.249	24.593	29.255	33.591	33.900[2]	6.972	26 %
Türkei	24.352	27.481	30.643	36.893	41.075	51.647[1]	27.295	112 %
USA	153.872	180.913	215.234	252.381	241.652	270.679[1]	116.807	76 %

[1] 2017.
[2] 2018.

Quelle: OECD.

Tabelle 2 auf der folgenden Seite enthält für die gleichen Staaten den jeweiligen Wert für das Arbeitsvolumen pro Kopf. Zwar überwiegen jetzt die Länder mit einem geringeren Wert im Jahr 2017 bzw. 2018 als noch 1970. Aber diesen 13 Staaten stehen hier sieben Staaten mit gestiegenem Pro-Kopf-Zahlen gegenüber – in zwei Staaten liegen die aktuellen Werte genau auf dem jeweiligen Ausgangswert. Letztlich kann hier kaum ein einheitlicher Trend ausgemacht werden.

3. Argumente für ein Bedingungsloses Grundeinkommen 37

Tabelle 2: Die Entwicklung des Arbeitsvolumens pro Kopf von 1970–2017/18 in ausgewählten Staaten

Jahr	1970	1980	1990	2000	2010	2017/18	Differenz 1970–2017/18	Differenz in Prozent des Jahres 1970
Australien	794	793	838	865	888	887[1]	94	12 %
Belgien	726	653	641	639	635	651[2]	-75	-10 %
Kanada	764	831	870	872	862	872[1]	107	14 %
Dänemark	901	774	738	757	715	714[2]	-187	-21 %
Finnland	935	869	840	738	737	719[1]	-216	-23 %
Frankreich	818	741	667	655	636	639[2]	-178	-22 %
Großbritannien	788	720	761	732	701	751[2]	-37	-5 %
Irland	863	747	713	862	697	811[2]	-52	-6 %
Island	858	858	897	945	773	856[2]	-2	0 %
Italien	759	705	745	748	736	722[2]	-37	-5 %
Japan	1.170	1.061	1.054	937	883	905[1]	-264	-23 %
Korea	872	1.028	1.129	1.132	1.044	1.054[1]	182	21 %
Luxemburg	729	736	807	968	1.074	1.110[2]	381	52 %
Neuseeland	874	898	790	837	867	955[1]	81	9 %
Niederlande	776	665	661	754	750	776[2]	-1	0 %
Norwegen	777	754	730	752	756	755[2]	-22	-3 %
Portugal	740	735	807	862	800	823[2]	83	11 %
Schweden	777	720	773	727	716	739[2]	-38	-5 %
Schweiz	1.015	921	984	934	926	930[1]	-85	-8 %
Spanien	798	647	633	721	721	725[2]	-72	-9 %
Türkei	689	618	556	574	562	643[1]	-46	-7 %
USA	750	794	860	894	780	830[1]	80	11 %

[1] 2017.
[2] 2018.

Quelle: OECD und Eurostat, eigene Berechnung.

Abschließend sei auch noch ein Blick auf die Entwicklung der Arbeitsproduktivität geworfen (nachfolgende Tabelle 3).[48] Erstaunlicherweise zeigt sich im Trend bei den meisten Ländern ein Rückgang beim Anstieg der Stundenproduktivität. Insbesondere die Steigerungsraten im aktuellsten Zeitraum (2011–2018) sind erstaunlich schwach. Eine Beschleunigung des Produktivitätsanstigs aufgrund der Digitalisierung ist also weit und breit nicht auszumachen, das gilt auch für Deutschland.[49] Dieser Trend wird von allen BGE-Befürworter_innen komplett ignoriert – was kein Wunder ist: Dieser Befund passt überhaupt nicht zu der Vorstellung, dass der kapitalistischen Ökonomie in naher Zukunft die Arbeit durch bahnbrechende technologische Sprünge ausgeht.

Tabelle 3: Die Entwicklung der Arbeitsproduktivität in den Jahren 1971–2018[1]

Land	1971–1980	1981–1990	1991–2000	2001–2007	2001–2010	2011–2018
Australien	1,6	0,9	2,1	1,3	1,3	1,3
Belgien	4,3	2,1	2,0	1,4	1,1	0,3
Kanada	1,7	0,9	1,8	1,0	0,9	1,0
Dänemark	3,3	2,5	2,0	1,2	1,0	1,0
Deutschland	3,8	2,3	2,2	1,5	1,1	0,9
Finnland	4,2	3,1	3,2	2,3	1,4	0,8
Frankreich	4,0	3,0	1,8	1,3	0,9	0,8
Island	5,2	1,2	1,4	4,0	3,5	1,3
Irland	4,8	3,8	4,1	2,3	3,2	4,2
Italien	4,1	1,8	1,6	0,1	0,0	0,2
Japan	4,3	4,0	2,2	1,4	1,2	0,8
Korea	5,6	7,6	6,0	4,6	4,7	2,3
Luxemburg	2,3	3,5	2,1	0,9	0,1	-0,2
Niederlande	3,9	1,7	1,3	1,4	1,0	0,5
Neuseeland	0,7	2,2	1,2	1,5	1,1	0,5
Norwegen	4,5	2,5	2,8	1,3	0,7	0,6
Portugal	3,6	2,1	1,9	1,3	1,2	0,3
Spanien	4,7	2,8	1,0	0,4	0,8	0,9
Schweden	2,4	1,2	2,4	2,6	1,7	0,8
Schweiz	2,1	0,9	1,1	1,5	1,1	0,5
Türkei	2,8	4,1	1,7	4,4	2,9	3,2
Großbritannien	2,9	2,2	2,6	2,0	1,4	0,3
USA	1,5	1,5	1,8	2,1	2,2	0,5
Durchschnitt (ungewichtet)	*3,4*	*2,5*	*2,2*	*1,8*	*1,5*	*1,0*

[1] jeweils zehnjähriger Durchschnittswert der Stundenproduktivität.

Quelle: OECD, eigene Berechnungen.

Damit ist das folgende Fazit zu ziehen: Die sehr oft und neuerdings mit Bezug auf Digitalisierung und Industrie 4.0 zu findende These von einer drohenden technologischen Arbeitslosigkeit ist wenig überzeugend. Die theoretische Debatte in den Wirtschaftswissenschaften wird fast vollständig ignoriert. Das ist kein Wunder, denn letztlich lässt sich keine klare Aussage darüber treffen, ob es zu langfristigen Freisetzungen durch Rationalisierungen kommt, oder ob kompensatorische Effekte dies verhindern. Auf jeden Fall lässt sich theoretisch nicht stringent begründen, dass Prozessinnovationen und damit verbundene Rationalisierungsmaßnahmen notwendigerweise gesamtwirtschaftlich negative Effekte auf den Beschäftigungsstand haben müssen.

Auch empirische Befunde sprechen nicht dafür, dass ein Zeitalter mit drohender technologischer Arbeitslosigkeit bevorsteht. In der Vergangenheit ist das Arbeitsvolumen in den meisten entwickelten Staaten seit dem Jahr 1970 gestiegen. Im gleichen Zeitraum ist der Wert des Arbeitsvolumens pro Kopf zum Teil gesunken, zum Teil ist er gleich geblieben oder hat zugelegt. Ein eindeutiger Trend ist nicht auszumachen. Was allerdings dank des technologischen Fortschritts stark gestiegen ist, ist der Wohlstand. Außerdem konnten sich Gesellschaften dank des technischen Fortschritts entscheiden zwischen weniger Arbeit und mehr Wohlstand, und sie haben sich für beides in unterschiedlichen Anteilen entschieden. Wenn dem aber so ist, dann ist technologische Arbeitslosigkeit selbst dort ein Mythos, wo das Arbeitsvolumen zurückging.

Ganz grundsätzlich ist zu beachten, dass der Anstieg der Arbeitsproduktivität seit den 1970er Jahren sogar einen eindeutigen Rückgang aufweist. Dies gilt auch für die letzten sieben bis acht Jahre. Das heißt aber, dass sich der technologische Fortschritt massiv verlangsamt hat, und dass zumindest auf der gesamtwirtschaftlichen Ebene bis jetzt keine besonderen Rationalisierungseffekte aufgrund der Digitalisierung auszumachen sind. Wissenschaftler_innen, die im Rahmen von gesamtwirtschaftlichen Modellen die Auswirkungen der Digitalisierung in Form von Szenarienberechnungen berücksichtigen, kommen auch zu dem Ergebnis, dass in den kommenden Jahren mit kaum ins Gewicht fallenden negativen Beschäftigungseffekten zu rechnen ist, während Wertschöpfung und Lohnsumme steigen.

Es ist sehr unwahrscheinlich, dass in Zukunft mit dem Auftreten von hoher technologisch bedingter Arbeitslosigkeit zu rechnen ist. Die Vertreter_innen gegenteiliger Thesen haben jedenfalls keine tragfähigen theoretischen oder gar empirischen Argumente auf ihrer Seite.[50]

3.2 Verteilung

In den vergangenen Jahren haben Verteilungsfragen – insbesondere die zunehmende Ungleichheit der Einkommens- und Vermögensverteilung – einen immer breiteren Raum im Rahmen von ökonomischen, sozial- und gesellschaftspolitischen Debatten eingenommen. Eine wichtige Rolle spielt in diesem Zusammenhang Thomas Pikettys Buch *Das Kapital im 21. Jahrhundert*, dessen französische Originalausgabe im August 2013 erschien und weltweit hohe Beachtung gefunden hat. Piketty hat in seinem Buch Daten zur langfristigen Entwicklung der Einkommens- und Vermögensverteilung zusammengetragen und analysiert. Hierauf beruht seine Befürchtung, dass für das laufende Jahrhundert eine zunehmende Ungleichverteilung von Einkommen und Vermögen droht. Um dies zu verhindern, empfiehlt Piketty insbesondere steuerpolitische Maßnahmen wie eine hohe Einkommensteuer (Spitzensteuersatz: 80 Prozent) und eine progressive Besteuerung von Vermögen, welche dann Milliardäre mit Steuersätzen von 10 Prozent und mehr belasten soll.

Auch in Deutschland wird seit einigen Jahren über Fragen der Einkommens- und Vermögensverteilung gestritten. Zwar versuchen Unternehmensverbände sowie wirtschaftsliberal orientierte Ökonom_innen, die deutsche Entwicklung herunterzuspielen und zu relativieren. Allerdings sind entsprechende Versuche aufgrund der klaren empirischen Befunde wenig überzeugend.

Auch BGE-Befürworter_innen knüpfen an diese Debatte an: Sie begründen das BGE damit, dass es vor Armut schützen und zu einer gerechteren Einkommensverteilung führen könne. In diesem Kontext spielen die während der Regierungszeit von Gerhard Schröder verabschiedeten Hartz-Gesetze eine zentrale Rolle: Mit diesen Gesetzen wurden in den Jahren 2003 bis 2005 Arbeitsmarktreformen umgesetzt, die noch heute in ihrer Wirkung höchst umstritten sind und die von vielen kritisiert werden. Durch die vier Hartz-Gesetze wurden unter anderem wesentliche Restriktionen im Bereich der Leiharbeit aufgehoben und die sogenannten Minijobs eingeführt – beide Maßnahmen hatten einen starken Anstieg von Leiharbeit bzw. von geringfügig entlohnten Beschäftigungsverhältnissen zur Folge. Mit der Hartz IV-Reform erfolgte die Zusammenlegung von Arbeitslosen- und Sozialhilfe zum Arbeitslosengeld II und die Verschärfung von Zumutbarkeitsregeln, die Erwerbslosen die Möglichkeit einräumen, eine angebotene Arbeitsstelle aufgrund der Bezahlung oder der Tätigkeit abzulehnen.

So verweist die *Bundesarbeitsgemeinschaft Grundeinkommen in und bei der Partei DIE LINKE* mit Bezug auf ihr BGE-Konzept darauf, dass »mit dem Grundeinkommen kräftig von oben nach unten umverteilt wird.«[51] Und auch Götz Werner führt für seinen BGE-Vorschlag verteilungspolitische Argumente an: Nach seiner Auffassung haben Fortschritt und Rationalisierung zu einem nie dagewesenen Überfluss geführt, aber statt diese Güter »allen zugänglich zu machen, wird am Zugang zur Teilhabe ein Flaschenhals eingebaut.«[52] Generell versprechen sämtliche Befürworter_innen von Grundeinkommensvorschlägen, dass die von ihnen propagierten Modelle zu mehr Wohlstand für alle führen werden.

Im Folgenden wollen wir die Entwicklung der Einkommens- und Vermögensverteilung in Deutschland nun etwas genauer unter die Lupe nehmen. Dabei bestehen zwischen der Verteilung von Einkommen und Vermögen Wechselwirkungen – und so sind Veränderungen in der Einkommensverteilung eine wesentliche Grundlage für eine steigende Vermögensungleichheit. Je höher das Haushaltseinkommen, desto größer ist der Anteil, der gespart werden kann und auch gespart wird. Außerdem erhöht sich auch der Anteil der Einkommen aus unternehmerischer Tätigkeit und Vermögen (Einkommen aus Unternehmensgewinnen, Vermietung von Wohneigentum usw.) mit zunehmender Höhe des Haushaltseinkommens.[53] Vergrößern sich die Gewinn- und Vermögenseinkommen schneller als die Einkommen aus Arbeit, dann wird dies in Verbindung mit der größeren Sparquote besser verdienender Haushalte die Ungleichverteilung der Vermögen steigern.[54] Erhöhen Haushalte ihr Vermögen durch hohe Ersparnisse, so werden sie aus dieser Vermögensbildung in Zukunft höhere Kapitaleinkommen beziehen. Dies wird ihr Gesamteinkommen weiter vergrößern. Dieser Effekt wird noch dadurch verstärkt, dass große Vermögen in der Regel höhere Renditen erzielen: Man kann mit höheren Vermögen mehr und bessere Anlageberater beschäftigen, und es fällt auch leichter, »Risiken einzugehen und Geduld zu beweisen, wenn man über umfangreiche Rücklagen verfügt, statt fast nichts zu besitzen.«[55] Eine wichtige Rolle bei der Konzentration von Vermögen spielen auch Erbschaften: Sie sind leistungslose Einkommen – häufig in sehr hohem Umfang. Reiche Erben werden so aufgrund ihrer sozialen Herkunft doppelt privilegiert, da sie in der Regel sowieso schon bessere Bildungs- und damit Verdienstmöglichkeiten haben.

Vor dem Hintergrund dieser Überlegungen sei nun ein kurzer Blick auf die wesentlichen Daten zur Entwicklung der Einkommens- und Vermögensverteilung in Deutschland geworfen.

Die Verteilung zwischen Arbeitnehmer_inneneinkommen einerseits sowie Gewinn- und Vermögenseinkommen andererseits wird üblicherweise durch die *bereinigte Lohnquote* dargestellt.[56] Die Lohnquote beziffert das Verhältnis zwischen den Entgelten der Arbeitnehmer_innen sowie dem gesamten Volkseinkommen in Prozent. Die Differenz zu 100 Prozent entspricht dem Anteil der Kapitaleinkommen (Gewinne, Dividenden, Zinsen, Mieteinnahmen). Bei der bereinigten Lohnquote wird dieser Wert um Effekte bereinigt, die durch einen steigenden oder fallenden Anteil der abhängig Beschäftigten an allen Erwerbstätigen entstehen. Wie Abbildung 3 zeigt, ist der Anteil der Löhne an allen Einkommen seit Anfang der 1990er Jahre im Trend gesunken. Wird die preisbereinigte Entwicklung des durchschnittlichen Bruttostundenlohns seit 1992 betrachtet, dann fällt die schwache Zunahme auf: Dieser stieg zwar von seinem Ausgangswert in Höhe von rund 15 Euro auf 17 Euro im Jahr 2003, fiel dann aber im Laufe der folgenden rund 10 Jahre auf 15,75 Euro (2013) zurück. Danach ist dann wieder ein Anstieg auf 16,60 Euro im Jahr 2016 zu verzeichnen.[57]

Werden die abhängig Beschäftigten in Abhängigkeit von der Lohnhöhe in zehn gleich große Gruppen – sogenannte Dezile, die jeweils zehn Prozent der abhängig Beschäftigten enthalten – aufgeteilt, kann die Entwicklung der Verteilung der Stundenlöhne untersucht werden. Hier zeigt sich, dass in den 1990er Jahren zwar alle Dezile reale Anstiege bei den Stundenlöhnen zu verzeichnen hatten. Seit der Jahrtausendwende ist allerdings eine deutliche Spreizung auszumachen: Während die oberen zehn Prozent reale Zuwächse aufweisen, fallen die realen Stundenlöhne in den unteren Dezilen. Besonders stark ist der Rückgang im ersten Dezil, also den unteren zehn Prozent der Lohnbezieher_innen: Der reale Bruttolohn lag hier vor Einführung des allgemeinen gesetzlichen Mindestlohns im Jahr 2015 20 Prozent unter dem Wert des Jahres 1992. Selbst nach Einführung und der ersten Erhöhung des Mindestlohns betrug die (negative) Differenz 2017 immer noch zehn Prozent.

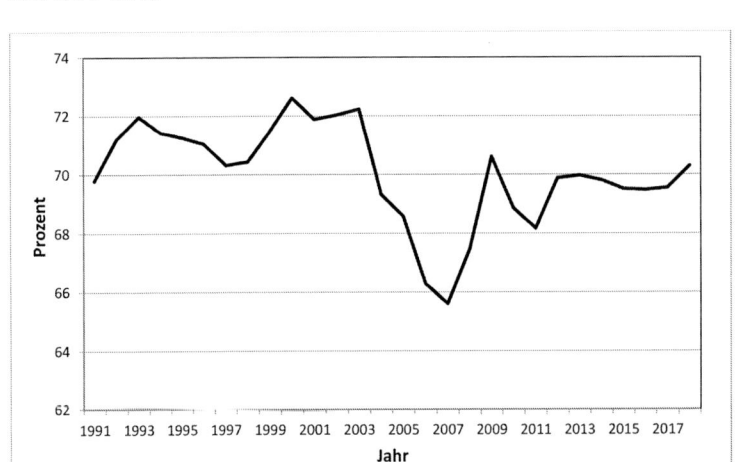

3. Argumente für ein Bedingungsloses Grundeinkommen   45

Abbildung 3: Die bereinigte Lohnquote* in Deutschland
von 1991–2018

*Die bereinigte Lohnquote berücksichtigt den Wandel der Erwerbstätigenstruktur.
Quelle: Blickpunkt Wiso.de.

Die schwache Lohnentwicklung und die Spreizung der Löhne ist nicht zuletzt auch auf die Zunahme des sogenannten Niedriglohnsektors zurückzuführen – in diesem arbeiteten auch nach der Einführung des Mindestlohns immer noch fast 23 Prozent der Beschäftigten in Deutschland (Abbildung 4).[58] Zwei Entwicklungen sind mit Blick auf die in Abbildung 4 dargestellten Zahlenreihen der Niedriglohnbeschäftigung zu betonen: Zum einen weitet sich der Niedriglohnsektor schon seit Ende der 1990er Jahre aus – das heißt, er ist nicht wie vielfach behauptet erst durch die Hartz-Reformen der Regierung Schröder gewachsen. Zum anderen ist der Niedriglohnbereich nach der Einführung des allgemeinen gesetzlichen Mindestlohns nicht nennenswert geschrumpft: Dieser ist 2015 in Höhe von 8,50 Euro zur Eindämmung besonders niedriger Löhne eingeführt und ab dem 1. Januar 2017 erstmals auf 8,84 Euro angehoben worden. Anfang 2019 lag der Mindestlohn bei 9,19 Euro, um zu Beginn des Jahres 2020 dann auf 9,35 Euro zu steigen. Im Niedriglohnsektor werden durch den Mindestlohn zwar im unteren Bereich besonders geringe Löhne verhindert, aber der Niedriglohnsektor selbst ist nicht geschrumpft. Dies liegt daran, dass der Mindestlohn deutlich unter der Niedriglohnschwelle liegt – diese beträgt 60 Prozent des mittleren Lohns (Median) und beläuft sich 2016 für Deutschland auf 10,44 Euro. Der Mindestlohn ist also selbst ein Niedriglohn.

Abbildung 4: Entwicklung des Niedriglohnanteils, 1995–2016 in % der Beschäftigten[1]

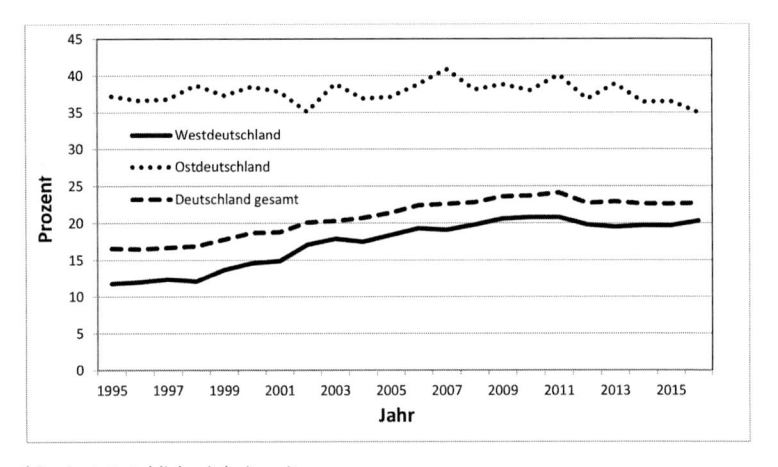

[1] Basis: tatsächliche Arbeitszeit.

Quelle: Kalina/Weinkopf (2018), S. 4.

Der wichtigste Grund für die Ausweitung des Niedriglohnsektors – und generell für die Spreizung des Lohngefüges – ist die abnehmende Tarifbindung.[59] Liegt Tarifbindung vor, dann muss die Anwendung des einschlägigen Tarifvertrags auf das Arbeitsverhältnis der bzw. des Beschäftigten erfolgen. Dies ist unmittelbar dann der Fall, wenn die Arbeitgeber_in dem tarifvertragsabschließenden Arbeitgeberverband und der Arbeitnehmer der entsprechenden Gewerkschaft angehört. Ein tarifgebundener Betrieb zahlt aber auch den Nicht-Gewerkschaftsmitgliedern die gleiche Entlohnung wie den Gewerkschaftsmitgliedern, da er kein Interesse an einer Erhöhung des gewerkschaftlichen Organisationsgrades im Unternehmen hat.

Wie Abbildung 5 zeigt, ist die Tarifbindung der Beschäftigten sowohl in West- als auch in Ostdeutschland seit 1998 stark rückläufig. Allerdings wird diese Entwicklung ein wenig dadurch relativiert, dass sich auch viele nicht-tarifgebundene Betriebe an Tarifverträgen orientieren. Dadurch werden in West- und in Ostdeutschland aktuell weitere 23 bzw. 24 Prozent der Beschäftigten nach Tarif bezahlt.

Abbildung 5: Die Entwicklung der Tarifbindung nach Beschäftigten (Branchen- und Firmentarifverträge) in West- und Ostdeutschland 1998–2018

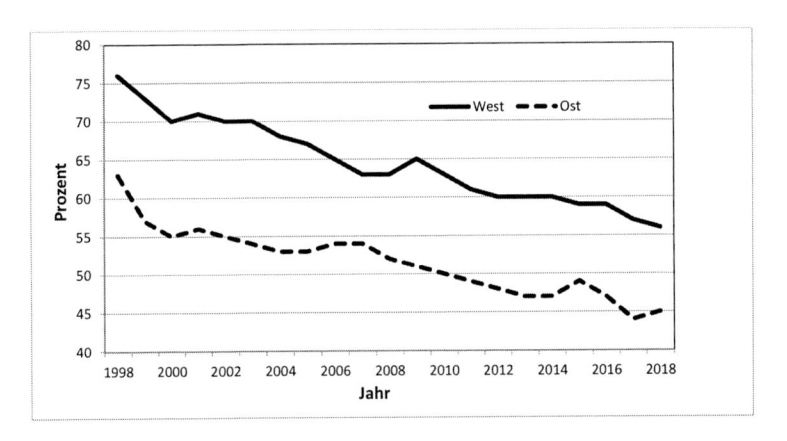

Quelle: Blickpunkt Wiso.de.

Ursächlich verantwortlich für die rückläufige Tarifbindung sind unter anderem eine abnehmende Verhandlungsmacht der Gewerkschaften, die rückläufige Mitgliedschaft von Unternehmen in den Arbeitgeberverbänden, die Zunahme von Unternehmensmitgliedschaften im Arbeitgeberverband ohne Tarifbindung (sogenannten OT-Mitgliedschaften), Outsourcing (Erwerb von bisher im Unternehmen selbst erzeugten Leistungen oder Gütern am Markt) und die (Teil-)Privatisierung von ursprünglich durch die öffentliche Hand erbrachten Dienstleistungen. Außerdem hat die Tarifbindung auch deshalb abgenommen, weil die Zahl der sogenannten Allgemeinverbindlicherklärungen von Tarifverträgen gesunken ist. Ein für allgemeinverbindlich erklärter Tarifvertrag gilt für alle Arbeitsverhältnisse des betreffenden fachlichen und räumlichen Tarifbereichs – es werden also auch Arbeitgeber gebunden, die nicht Mitglied im einschlägigen Arbeitgeberverband sind. Die Allgemeinverbindlicherklärung eines Tarifvertrags, die vom Bundesarbeitsministerium oder – bei entsprechend eingeschränkter räumlicher Geltung – vom jeweils zuständigen Landesarbeitsministerium im Einvernehmen mit Gewerkschaften und Arbeitgebern in den Tarifausschüssen ausgesprochen wird, ist an verschiedene Bedingungen gebunden. Aufgrund der zunehmend ablehnenden Haltung der Arbeitgeberseite ist die Zahl der Allgemeinverbindlicherklärungen im Trend gesunken. Auf die Möglichkeiten, dieser Entwicklung entgegenzuwirken, wird noch eingegangen.

Auch wenn die Abnahme der Tarifbindung als Hauptursache für die Zunahme von Niedriglohnbeschäftigung und für die zunehmende Differenzierung der Lohneinkommen anzusehen ist, so spielen doch auch andere Entwicklungen eine Rolle. Zu nennen sind etwa die arbeitsmarktpolitischen Weichenstellungen im Rahmen der Agenda-Politik während der Kanzlerschaft Gerhard Schröders.

Die Bezeichnung *Agenda 2010* wurde von Gerhard Schröder zum ersten Mal im Rahmen einer Regierungserklärung im März 2003 gebraucht: Er verkündete unter diesem Begriff Maßnahmen, die zu mehr Wachstum und Beschäftigung führen sollten – zur Zeit der Verkündung der Agenda-Politik befand sich Deutschland in der längsten wirtschaftlichen Stagnationsphase der Nachkriegszeit, und die Arbeitslosigkeit belief sich auf über vier Millionen Personen. Mit dem propagierten Politikwechsel sollte, so Schröder, ein Umbau des Sozialstaates stattfinden; ganz konkret kündigte er auch die Kürzung von staatlichen Leistungen an.[60] Mit der Agenda 2010 verband Schröder mehr als konkrete Reformen, vielmehr steht der Wortsinn für eine grundlegende Richtungsänderung der SPD. Deshalb macht es durchaus Sinn, unter dem Begriff auch Maßnahmen wie die Riester-Rente aus dem Jahr 2001 zu fassen, die vor Schröders Rede im März 2003 ergriffen worden sind – genauso wie wirtschaftspolitische Beschlüsse, die erst unter der Großen Koalition mit Angela Merkel als Kanzlerin ab 2005 erfolgten (z. B. »Rente mit 67«).[61]

Der Agenda-Politik lag die Überzeugung zu Grunde, dass Strukturreformen im Bereich der Arbeitsmarktregulierung und der Sozialversicherungssysteme erforderlich seien, um zu höherem Wirtschaftswachstum und einer Beschäftigungssteigerung zu kommen. Dieser Politikansatz zielte zum einen auf die Höhe der Lohn-, insbesondere der Lohnnebenkosten[62] im Bereich Gesundheit und Rente: Zu hohe Arbeitskosten sind mithin als Hemmnis für den Aufbau von Beschäftigung angesehen worden. Zum anderen ist im Bereich der Arbeitsmarktpolitik vor allem durch die sogenannten Hartz-Gesetze der Übergang von einer *aktiven* zu einer *aktivierenden* Arbeitsmarktpolitik vollzogen worden. So wurden etwa wesentliche Beschränkungen im Bereich der Leiharbeit aufgehoben. Seitdem ist die Leiharbeit sprunghaft angestiegen. Einen wesentlichen Beitrag zum Anstieg der Niedriglohnbeschäftigung haben daneben auch die ebenfalls durch die Hartz-Reformen eingeführten Minijobs geleistet – gegenüber den 630 Mark-Jobs wurde auch die Grenze von maximal 15 Wochenstunden gestrichen, so dass faktisch auch Vollzeitkräfte als Minijobber_innen angestellt werden konnten. Als Minijobs (»geringfügige Beschäftigungen«) gelten Beschäftigungsverhältnisse, deren Arbeitsentgelt aktuell 450 Euro pro Monat nicht übersteigt. Für Arbeitnehmer_innen fallen keine Abgaben an, so dass sie ihr Arbeitsentgelt brutto für netto erhalten. Dies wird von Arbeitgeberseite häufig dazu benutzt, Minijober_innen im Vergleich zu sozialversicherungspflichtigen Vollzeit- und Teilzeitbeschäftigten geringere Stundenlöhne zu zahlen. Mit der Hartz-IV-Reform erfolgte wie bereits erwähnt die Zusammenlegung von Arbeitslosen- und Sozialhilfe zum Arbeitslosengeld II auf niedrigerem Niveau und mit Blick auf die

Annahme von Beschäftigungsangeboten die Verschärfung von Zumutbarkeitsregeln. Dies erhöhte den Druck auf Arbeitslose, eine gering bezahlte Tätigkeit anzunehmen.

Als dritter wesentlicher Faktor für das Wachstum des Niedriglohnsektors sei hier noch die Privatisierung von Aufgaben angeführt, die vormals durch die öffentliche Hand wahrgenommen worden sind. Das bekannteste Beispiel ist sicher das der Post. Eine Privatisierung geht so gut wie immer mit verschlechterten Arbeitsbedingungen und einer negativen Beschäftigungsentwicklung einher, die in der Regel auch nicht durch neue Arbeitsplätze im privaten Bereich ausgeglichen wird. Zwar kommt es meist kurzfristig nicht zu einer unmittelbaren Ausdehnung der Regelarbeitszeit oder einer direkten Lohnkürzung. Jedoch sinken die Löhne mittel- bis langfristig, da von der Dauer der Beschäftigung abgeleitete Lohnerhöhungen und -kategorien abgeschafft werden, Neueinsteiger_innen schlechtere Tarifverträge und niedrigere Einkommen erhalten, Zulagen gekürzt und innerbetriebliche Sozialleistungen sowie Betriebspensionen reduziert werden. Zudem geraten bestehende Tarifvereinbarungen unter Druck. Private Unternehmen unterliegen oft keinen oder ungünstigeren Tarifverträgen. Folge hiervon ist Lohndumping und die Entstehung von Niedriglohnbereichen.

Nach diesem Blick auf die Entwicklung der Löhne kommen wir zur Verteilung der Haushaltseinkommen – unabhängig von der Einkommensquelle. Für die Einkommen vor Erhebung von Steuern und staatlichen Sozialtransfers können Aussagen für einen Zeitraum getroffen werden, der bis in die Zeit vor dem ersten Weltkrieg zurückreicht (vgl. Abbildung 6).[63] Auffällig an der Entwicklung der reichsten zehn Prozent bzw. des reichsten Prozents ist dabei, dass beide Gruppen seit Mitte der 1990er Jahre ihre Anteile deutlich steigern konnten. Während das reichste Prozent dabei noch rund fünf Prozentpunkte unter dem Wert von 1913 liegt (nämlich 18 Prozent), sieht dies bei den oberen zehn Prozent anders aus: Diese liegen im Jahr 2013 wie schon 1913 bei einem Anteilswert von rund 40 Prozent. Erhebliche Anteilsverluste hat ab Mitte der 1990er Jahren die Einkommensgruppe der unteren 50 Prozent zu verzeichnen.

Abbildung 6: Der Anteil der reichsten 10 Prozent und des reichsten 1 Prozents am Volkseinkommen in Deutschland von 1891–2013

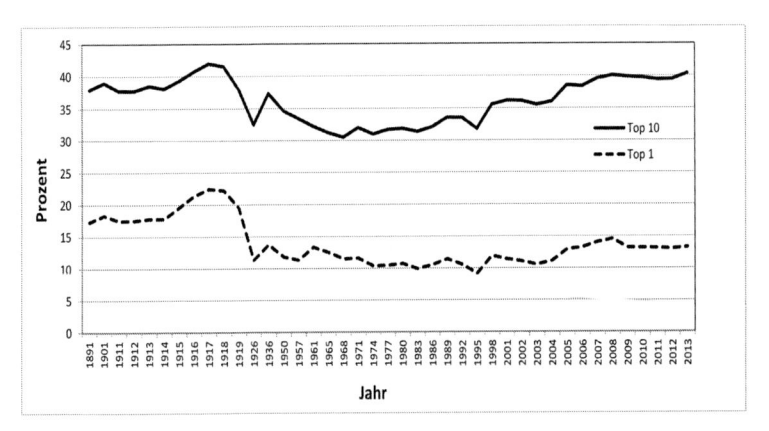

Quelle: Blickpunkt Wiso.de.

Von besonderer Relevanz ist die Entwicklung der verfügbaren Einkommen der privaten Haushalte, da hier die Umverteilungsmaßnahmen des Staates berücksichtigt sind. Das verfügbare Einkommen erhält man, indem zu den Markteinkommen aller Haushaltsmitglieder öffentliche Renten und staatliche Transferzahlungen hinzuaddiert und direkte Steuern sowie Sozialabgaben abgezogen werden. Selbstgenutztes Wohneigentum wird ebenfalls berücksichtigt. Üblich und sinnvoll ist zudem eine sogenannte Bedarfsgewichtung: Der Haushaltsvorstand erhält ein Bedarfsgewicht von 1, Kinder bis 14 Jahre ein Bedarfsgewicht von 0,3 und Personen ab 14 Jahren von 0,5.

Im Zeitraum 1991–2016 sind die verfügbaren bedarfsgewichteten *realen* – das heißt die um die Preissteigerungen bereinigten – Einkommen der privaten Haushalte um durchschnittlich 18 Prozent gestiegen.[64] Dabei ist auch hier bei Betrachtung nach Dezilen eine starke Zunahme der Ungleichverteilung auszumachen. Das Einkommen der oberen zehn Prozent, also des reichsten Dezils, stieg seit 1991 um 35 Prozent, während die Zunahmen im dritten bis neunten Dezil bei acht bis 19 Prozent lagen. Im zweiten Dezil weist das Einkommen in etwa den gleichen Wert wie im Ausgangsjahr auf, während bei den unteren zehn Prozent – dem ersten Dezil – eine Abnahme von fast zehn Prozent auszumachen ist. Insbesondere ab dem Jahr 2000 ist dabei eine zunehmende Polarisierung der Einkommensverteilung festzustellen.

Eine wachsende Ungleichverteilung der Haushaltseinkommen wird im Übrigen von zahlreichen Verteilungsforscher_innen beobachtet,[65] wobei ein Vergleich von Brutto- und Nettoeinkommensentwicklung eine Abnahme der staatlichen Umverteilungspolitik offenbart. Die Be- und Entlastung mit – direkten und indirekten – Steuern sowie mit Steuern und Sozialbeiträgen bezogen auf das Bruttoeinkommen ist in Abbildung 7 für den Zeitraum 1998 bis 2015 dargestellt. Während kleine Einkommen 2015 deutlich höhere Belastungen zu tragen haben als noch am Ende der 1990er Jahre, sind einkommensstarke Haushalte in erheblichem Umfang entlastet worden.

Abbildung 7: Veränderung der Zahlungen von Steuern und Sozialbeträgen 1998–2015 als Anteil am Haushaltsbruttoeinkommen*

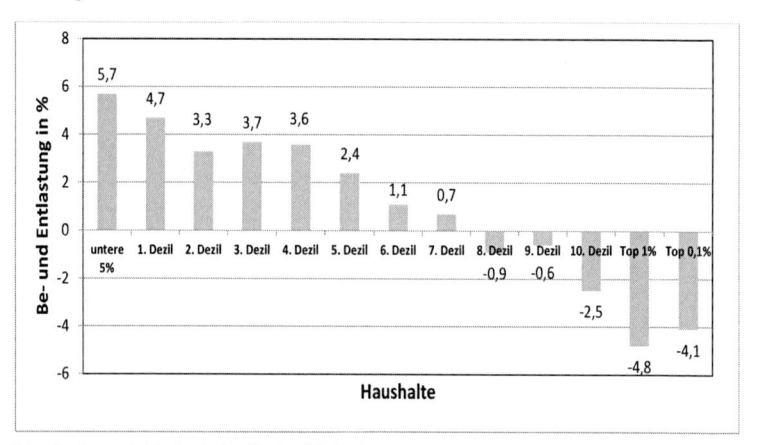

Haushalte	Be- und Entlastung in %
untere 5%	5,7
1. Dezil	4,7
2. Dezil	3,3
3. Dezil	3,7
4. Dezil	3,6
5. Dezil	2,4
6. Dezil	1,1
7. Dezil	0,7
8. Dezil	-0,9
9. Dezil	-0,6
10. Dezil	-2,5
Top 1%	-4,8
Top 0,1%	-4,1

* bedarfsgewichtet wie im Text erläutert.
Quelle: Bach u.a. (2016a: 67).

Im Trend zugenommen hat in den vergangenen Jahren auch die Zahl der armutsgefährdeten Personen. Als armutsgefährdet gilt, wer weniger als 60 Prozent des mittleren Einkommens zur Verfügung hat. Trotz der vergleichsweise guten Wirtschafts- und Beschäftigungsentwicklung in Deutschland seit dem Jahr 2005 sind sowohl die allgemeinen Armutsquoten als auch die Armutsquoten von Kindern und Personen im Rentenalter gestiegen (Abbildung 8).

Insgesamt geht die voranstehend dargestellte zunehmende Einkommensungleichheit mit einer Verfestigung der Verteilung einher, wobei insbesondere eine dauerhafte Armut und ein sich verfestigender Reichtum zu beobachten sind.[66]

Abbildung 8: Die Armutsquote der Gesamtbevölkerung, von Kindern (U 18) und von Älteren (Ü 64) 2005–2015*

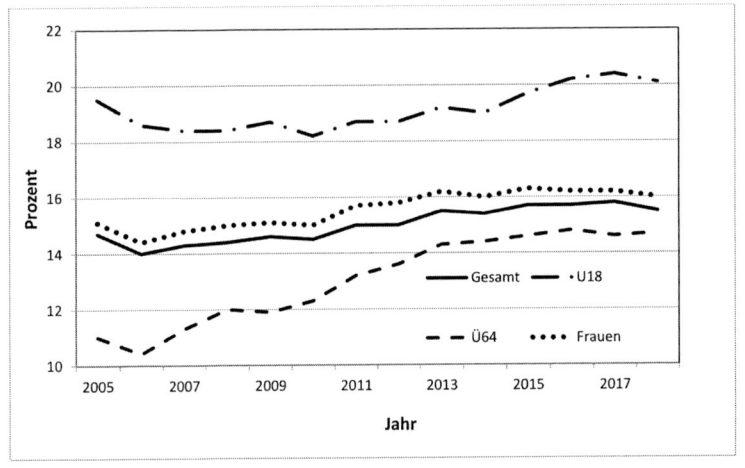

* Als armutsgefährdet gilt, wer weniger als 60 Prozent des mittleren Einkommens zur Verfügung hat. Als Kinder gezählt werden hier alle Personen unter 18 Jahren; zu den Älteren zählen Menschen ab dem 65. Lebensjahr.

Quelle: WSI.

Zum Ende dieses Abschnitts sei noch kurz auf die Verteilung der Vermögen in Deutschland eingegangen. Die neueste und genaueste Schätzung zur Verteilung des Haushaltsnettovermögens (Vermögen der privaten Haushalte abzüglich Verschuldung) in Deutschland beruht auf Zahlen aus dem Jahr 2014.[67] Danach beläuft sich das Nettovermögen auf insgesamt knapp 9,5 Billionen Euro. Damit ist das gesamte Nettovermögen, das sich wie in Abbildung 9 dargestellt verteilt, gegenüber der vorhergehenden Erhebung in den Jahren 2010/11 um immerhin fast 900 Millionen Euro (elf Prozent) gestiegen.

Abbildung 9: Die Verteilung des Vermögens in Deutschland in den Jahren 2010/11 und 2014

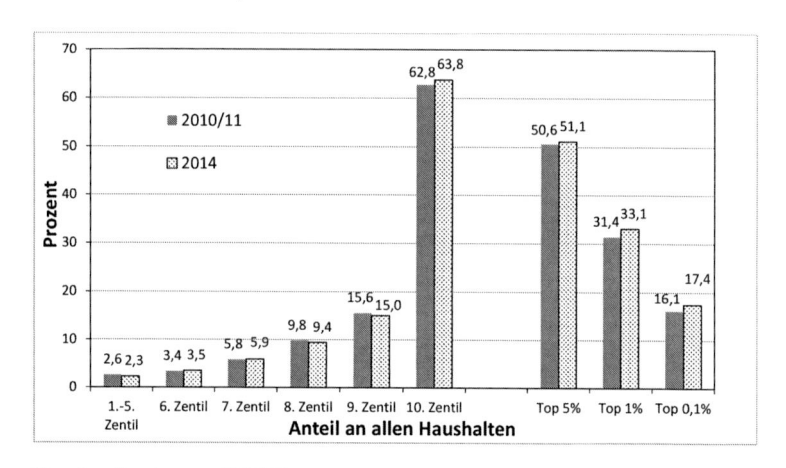

Anteil an allen Haushalten	2010/11	2014
1.-5. Zentil	2,6	2,3
6. Zentil	3,4	3,5
7. Zentil	5,8	5,9
8. Zentil	9,8	9,4
9. Zentil	15,6	15,0
10. Zentil	62,8	63,8
Top 5%	50,6	51,1
Top 1%	31,4	33,1
Top 0,1%	16,1	17,4

Quelle: Bach u.a. (2018).

Auffällig ist die hohe Konzentration im oberen Bereich, die sich erstaunlicherweise in dem doch vergleichsweise kurzen zeitlichen Abstand zwischen den beiden Befragungen von gerade einmal drei bis vier Jahren merklich erhöht hat. So besitzen im Jahr 2014 die reichsten zehn Prozent der Bevölkerung immerhin fast 64 Prozent des gesamten Vermögens. Noch stärker fällt die Konzentration des reichsten Prozents bzw. der reichsten 0,1 Prozent aus: das reichste Prozent besitzt

2014 ein Drittel, die reichsten 0,1 Prozent 17,4 Prozent des gesamten Nettovermögens. Die 45 reichsten Deutschen verfügen über ein Vermögen, das so groß ist wie das der ärmeren Hälfte der gesamten Bevölkerung.[68]

Zusammenfassend bleibt damit festzuhalten, dass in Deutschland eine zunehmende Polarisierung bei den Einkommen auszumachen ist. Zudem weist die Verteilung des Vermögens eine sehr große Ungleichverteilung auf. Insofern bezieht sich die Debatte um das Bedingungslose Grundeinkommen – anders als mit Blick auf die Folgen des technologischen Fortschritts – tatsächlich auf eine beunruhigende Entwicklung, die unter sozialen Aspekten bedenklich erscheint. Ob das Bedingungslose Grundeinkommen geeignet ist, für mehr soziale Gerechtigkeit zu sorgen, ist aber eine andere Frage – und diese wird im Kapitel 4 beantwortet.

3.3 Demografie

In diesem Abschnitt soll noch kurz auf ein Argument zur Begründung des Bedingungslosen Grundeinkommens eingegangen werden, das vor allem von *Thomas Straubhaar*[69] herangezogen wird. Dabei handelt es sich um die demografischen Veränderungen, die sich in der deutschen Gesellschaft in den kommenden Jahrzehnten vollziehen werden. Dieses Argument ist in den vergangenen 20 Jahren immer wieder von Befürworter_innen eines »Umbaus« des Sozialstaates bemüht worden. Suggeriert wird, dass die steigende Zahl älterer Menschen und die sinkende Gesamtbevölkerung schwerwiegende Auswirkungen auf die sozialen Sicherungssysteme hätten. Da immer weniger Erwerbstätige immer mehr Rentner_innen finanzieren müssten, sei eine grundlegende Reform des Systems der gesetzlichen Rente in Deutschland unumgänglich – in der Regel geht es letztlich um das Absenken der Renten und die Stärkung privater Vorsorgeformen. Zwar geht Straubhaar verschiedene Gegenargumente gegen die von ihm vertretene Demografie-

These durch, aber er kommt letztlich mit Blick auf das deutsche Rentensystem zu dem Schluss,

>»dass sich eine nachhaltige Sanierung eines Rentensystems aus einer längst vergangenen Epoche in Zukunft kaum realisieren lässt. Allein deshalb reicht eine einfache Reparatur oder eine weitere Anhebung des Renteneintrittsalters nicht aus. Es braucht einen grundsätzlichen Neuanfang. Den ermöglicht das bedingungslose Grundeinkommen.«[70]

Vor jeder inhaltlichen Überlegung ist hier die extrem unsichere statistische Basis aller demografischen Debatten zu beachten. Sämtliche Aussagen über die Zukunft sind äußerst fragwürdig. Zukunft lässt sich weder von der Astrologie noch von der Demografie sicher vorhersehen oder vorausberechnen. Statistiken wie die Bevölkerungsvorausberechnungen des Statistischen Bundesamtes, auf die sich die meisten Vertreter_innen des Demografie-Arguments berufen, sind gerade auf lange Frist mit immensen Unsicherheitsfaktoren behaftet.[71] In der Vergangenheit wurden ähnliche Bevölkerungsprognosen schon nach wenigen Jahren (meist nach unten) korrigiert, weil sich die Datengrundlagen und Prognosen binnen kürzester Zeit als falsch herausgestellt haben. Wenn die statistische Welt nun schon nach wenigen Jahren deutlich anders aussieht – wie sollten wir dann heute seriös voraussagen können, was in 50 Jahren sein wird? Wer hätte beispielsweise vor 50 Jahren die Entwicklung und Verbreitung der Antibabypille, die Zuwanderung durch ausländische Arbeitnehmer_innen sowie deren Familien, den Trend zu Kleinfamilie und Singledasein oder den Zuzug von Millionen Aussiedler_innen voraussagen können?

Doch selbst wenn man die gängigen Bevölkerungsstatistiken trotz aller Bedenken als Diskussionsgrundlage akzeptiert, so entpuppt sich das Demografie-Argument letztlich als nicht haltbar. Richtig ist zwar zunächst, dass der Anteil der älteren Menschen an der Gesamtbevölkerung aufgrund steigender Lebenserwartung und sinkender Geburtenraten in den letzten Jahrzehnten stark gewachsen ist. Geht man davon aus, dass ein ähnliches Wachstum auch in den nächsten Jahrzehnten anhalten wird, so könnten im Jahr 2060 auf eine Person ab 65 Jahren 1,6 Personen im Alter von 20 bis 65 Jahren kommen. Damit würde sich dieser Wert gegenüber jenem des Jahres 2010 ungefähr halbieren (Abbildung 10).

Abbildung 10: Die Entwicklung der Bevölkerungszusammensetzung in Deutschland[1]

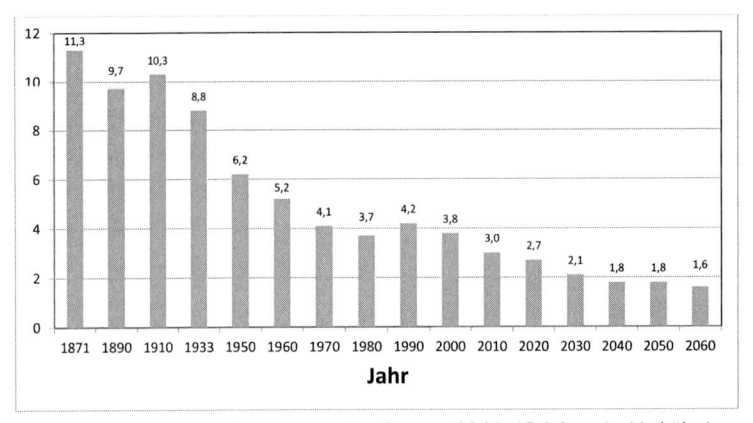

[1] Dargestellt ist die Zahl der Personen im Alter von 20 bis 65 Jahren im Verhältnis zu einer Person im Alter ab 65 Jahren.

Quelle: ver.di.

Allerdings hat die Zahl der Personen mittleren Alters im Verhältnis zu der Zahl der über 65-Jährigen schon in den letzten 150 Jahren gravierend abgenommen. Kamen im Jahr 1871 noch 11,3 Personen zwischen 15 und 65 Jahre auf eine Person ab 65, so waren es 1950 nur noch 6,2. Im Jahr 2000 waren es gar nur noch 3,8 Personen. Die prognostizierte weitere Abnahme über einen Wert von 2,1 (2030) auf dann 1,6 im Jahre 2060 nimmt sich dagegen vergleichsweise gering aus. Zu bedenken ist ferner, dass ältere Menschen nicht die einzigen sind, die auf gesellschaftliche Unterstützung angewiesen sind: insbesondere wollen auch Kinder und Jugendliche versorgt werden. Eine seriöse Analyse des Phänomens Demografie muss auch diese Menschen als gesellschaftliche »Belastungsfaktoren« einbeziehen – in diesem Falle fällt der prognostizierte demografische Wandel dann noch einmal undramatischer aus.

Mit Blick auf die Entwicklung der Alterszusammensetzung der Bevölkerung gilt mithin, dass in den vergangenen gut 100 Jahren die enormen demografischen Verschiebungen, die ohne Zuwanderung und Wiedervereinigung noch gravierender ausgefallen wären, aufgefangen wurden. Der Grund hierfür waren Produktivitätssteigerungen – die Menschen haben pro Arbeitsstunde immer mehr produziert. Breite Bevölkerungsschichten konnten auf diese Weise von wachsendem Wohlstand profitieren und ihre eigenen Arbeitszeiten sogar deutlich reduzieren, obwohl die Zahl der älteren Menschen zugleich stark angestiegen war. Glaubt man den gängigen Demografie-Argumenten, so hätte der Kollaps der Sozialversicherungssysteme schon längst stattfinden müssen. Der Blick zurück zeigt aber, dass dem nicht so war, weil die beständige Erhöhung der Produktivität den Versorgungsaufwand für eine steigende Zahl von Rentner_innen mehr als wettmachte.

Zwar sieht auch Thomas Straubhaar in der Steigerung der Produktivität die »fundamentale Stellschraube«, um die Rente nachhaltig zu sichern:

> »Nur wenn sehr viele Menschen ein ganzes Leben lang sehr viel produktiver als heute arbeiten und deutlich später als heute in den Ruhestand gehen, kann das soziale Sicherungssystem grundlegend saniert werden. Die Arbeitsproduktivität zu steigern heißt aber, entweder mehr Geld für eine bessere Qualifizierung auszugeben oder die Kapitalintensität zu steigern, also Maschinen statt Menschen arbeiten zu lassen. Im ersten Fall dürften die Löhne der Besserverdienenden steigen, was angesichts der Beitragsbemessungsgrenze für die Sozialversicherungen

kaum einen starken Entlastungseffekt für die gesetzliche Rentenversicherung haben dürfte. Im zweiten Fall werden Roboter statt Arbeiter den Mehrwert schaffen. Da Roboter nicht, Beschäftigte aber sehr wohl sozialversicherungspflichtig sind, wird sich die Finanzierungssituation für die gesetzlichen Rentenkassen in diesem Falle sogar verschlechtern.«[72]

Tatsächlich kann diese Argumentation allerdings nicht überzeugen. Zunächst zu Straubhaars »erstem Fall«: Die Beitragsbemessungsgrenze, die die Höhe festlegt, bis zu der das Einkommen bei der Beitragsberechnung herangezogen wird, könnte deutlich angehoben werden. Dann würden steigende Löhne von Besserverdienenden zu höheren Einnahmen bei den Sozialversicherungen führen. Und im »zweiten Fall« greift er letztlich auf ein Argument zurück, dass wir im Abschnitt 3.1 ausführlich diskutiert haben: Es ist – anders als Straubhaar hier suggeriert – in den nächsten Jahren weder mit einem übermäßigen Produktivitätsschub aufgrund von Digitalisierung und dem vermehrten Einsatz von Robotern noch mit technologisch bedingter Arbeitslosigkeit im großen Umfang zu rechnen. Aber selbst wenn letzteres doch der Fall wäre, ist der Verweis auf die nicht sozialversicherungspflichtigen Roboter kein überzeugendes Argument. Denn durch Sozialbeiträge könnten im Rahmen einer Bürger_innenversicherung die Eigentümer_innen der Roboter, die durch den Roboter-Einsatz Gewinne erzielten, sehr wohl angemessen zur Finanzierung der Sozialkassen herangezogen werden.

4. Ökonomische Bewertung

Welche ökonomischen und sozialen Folgen die Einführung eines BGE hätte, hängt von verschiedenen Faktoren ab: von der Höhe des BGE, von den vorgesehenen Begleitmaßnahmen – insbesondere in den Bereichen Steuer- und Sozialpolitik – und nicht zuletzt von den Verhaltensänderungen, die durch das jeweilige BGE-Konzept ausgelöst würden. Wichtig für die realen Möglichkeiten einer Umsetzung ist auch die Frage nach der Finanzierbarkeit und die Frage, welche Wirkungen sich für die Beschäftigung und die damit im Zusammenhang stehende Produktion von Gütern und Dienstleistungen ergeben – denn von der Höhe der Produktion, also dem Bruttoinlandsprodukt, hängt der allgemeine Wohlstand einer Gesellschaft ab.

4.1 Auswirkungen auf den Arbeitsmarkt und Folgen für die Wertschöpfung

In diesem Abschnitt geht es zunächst darum, welche Folgen sich durch die Einführung eines Bedingungslosen Grundeinkommens für den Arbeitsmarkt ergeben. Von entscheidender Bedeutung ist hierbei die Zielrichtung von einerseits neoliberalen und andererseits sozialutopischen Modellen. Dabei ist zum einen die Beeinflussung der Nachfrage nach Arbeitskraft in den Blick zu nehmen und zum anderen das Angebot an Arbeitskraft durch die privaten Haushalte.

Sozialutopische Modelle streben durch ein vergleichsweise hohes BGE unter Beibehaltung oder sogar Ausbau arbeitsmarktbezogener und sozialstaatlicher Regulierungen eine Einkommensumverteilung von oben nach unten an. Sozialutopische BGE-Vorschläge, wie sie von Strömungen innerhalb der LINKEN und BÜNDNIS 90/DIE GRÜNEN sowie dem globalisierungskritischen Netzwerk Attac vertreten werden, haben die Entkopplung von Arbeit und Einkommen zum Ziel.

Wie in Kapitel 2 bereits angesprochen, favorisieren also alle drei genannten sozialutopischen Konzeptionen auch die Einführung von Bürger_innenversicherungssystemen. Zudem soll ein angemessen hoher gesetzlicher Mindestlohn die Beschäftigten vor Lohnsenkungen schützen. Die öffentliche Infrastruktur und staatliche Leistungen sollen ausgebaut werden. Insgesamt sind sozialutopische Modelle bestrebt, die finanzielle Situation gerade von Haushalten mit geringen Einkommen zu verbessern. Hierauf zielen auch die Finanzierungsvorschläge ab, die im Abschnitt 4.2 behandelt werden.

Auch wenn dies bestritten oder die sich daraus ergebende Problematik heruntergespielt wird: Es ist davon auszugehen, dass insbesondere ein existenzsicherndes Bedingungsloses Grundeinkommen mit einer Einschränkung des Arbeitskraftangebots einhergehen wird. Wer über ein (Haushalts-)Einkommen in einer als angemessen angesehenen Höhe verfügt, wird möglicherweise überhaupt nicht mehr arbeiten. Viele Menschen, gerade auch jene aus Berufen mit einer hohen körperlichen und psychischen Belastung werden zumindest nicht mehr bereit sein, im bisherigen Umfang ihrem Beruf nachzugehen. Diese Einschränkung des Arbeitskraftangebots, die aus Sicht des jeweiligen Individuums durchaus rational und nachvollziehbar ist, geht gesamtwirtschaftlich mit einem Rückgang der Wertschöpfung – das heißt der Produktion aller möglichen Güter und Dienstleistungen – einher. Diese stehen dann in geringerem Umfang einer gleich großen oder sogar gestiegenen monetären Nachfrage gegenüber. Die Preise würden steigen. Dies aber wäre gleichbedeutend mit einem Kaufkraftverlust, denn für das gleiche Geld kann nun weniger gekauft werden. Letztlich wird sich die Versorgungssituation der Bevölkerung verschlechtern, da die Produktion schrumpft.

Es wäre natürlich wünschenswert, wenn der Effekt eines Grundeinkommens auf das Arbeitsangebot in Abhängigkeit von der BGE-Höhe exakt errechnet werden könnte. Allerdings können hierzu nur grundsätzliche und auf Plausibilität setzende Überlegungen angestellt werden. Entsprechende Berechnungen, wie sie in den Wirtschaftswissenschaften eigentlich üblich sind und die auf Beobachtungen von Verhalten in der Vergangenheit basieren, sind zwar denkbar, aber letztlich für das BGE wenig zielführend. Ein Bedingungsloses Grundeinkommen würde eine derartige grundlegende Veränderung darstellen, so dass das Verhalten von Menschen nach einer entsprechenden Reform kaum exakt quantifiziert vorhersagbar ist.[73]

Trotz dieser grundlegenden Einschränkung ist es plausibel, dass die Arbeitsbereitschaft aufgrund eines durch das BGE erhöhten Gesamteinkommens bei vielen Menschen sinken würde. Dabei dürfte das Arbeitsangebot umso stärker abnehmen, je höher das BGE ausfällt. Letztlich wird mit einem hohen Grundeinkommen und einer hierdurch eingeschränkten Arbeitsbereitschaft die grundlegende Funktionsweise der zeitgenössischen Wirtschaftsweise in Frage gestellt – ohne dass hierüber auch nur im Ansatz nachgedacht wird: Schließlich beruht das gegenwärtige Wirtschaftssystem jenseits der Aktivitäten des öffentlichen Sektors auf Privateigentum und einer arbeitsteiligen Produktion, und die Erstellung von Gütern und Dienstleistungen für den Markt ist an die Zahlung von Lohneinkommen an die abhängig Beschäftigten gebunden. In diesem Punkt herrscht im Übrigen zwischen allen wirtschaftstheoretischen Schulen eine klare Übereinstimmung. Oder anders formuliert: Die gesellschaftliche Wertschöpfung – d.h. die Erzeugung von Waren und Dienstleistungen – und die Zahlung eines Lohns sind miteinander verbunden. Insbesondere die Befürworter_innen eines hohen BGE übersehen, dass sie diesen Zusammenhang entkoppeln, *ohne* sich über die Rückwirkungen auf das Arbeitsangebot wirklich Gedanken zu machen. Sie können dann dem Einwand nichts entgegensetzen, dass die Bevölkerung im arbeitsfähigen Alter ihr Arbeitsangebot deutlich einschränken wird – mit der Konsequenz, dass viele Dinge nicht mehr im bisherigen Umfang produziert würden und so das Sozialprodukt pro Kopf bzw. der durchschnittliche Lebensstandard deutlich sinken würde.

Damit kommen wir zu den neoliberalen BGE-Modellen: Sie zielen auf die Abschaffung von Flächentarifverträgen und Kündigungsschutz sowie auf einen generellen Abbau von sozialen Schutzmaßnahmen. Letztlich würde so ein massiver Zwang zur Arbeitsaufnahme entstehen, und die abhängig Beschäftigten hätten keine Möglichkeit, durch den Zusammenschluss in Gewerkschaften eine Verbesserung ihrer Situation zu erreichen.

Gewerkschaften haben sich historisch herausgebildet und sind auch deshalb verfassungsrechtlich abgesichert, weil faktisch eine Macht-Asymmetrie zwischen Arbeitgeber_innen- und Arbeitnehmer_innenseite besteht: Der einzelne Beschäftigte ist aufgrund seiner existenziellen Abhängigkeit von seinem Arbeitsplatz dem Arbeitgeber natürlich strukturell unterlegen. Diese Macht-Asymmetrie würde durch die Vorschläge der neoliberalen BGE-Modelle verstärkt bzw. ungemindert hergestellt. Zudem hätte das BGE in neoliberalen Modell-Varianten den Charakter eines Kombilohns, da ja höchstens das existenzielle Minimum abgesichert werden soll.

Bei einem Kombilohn handelt es sich um eine staatliche Lohnsubvention, d.h. um eine Kombination aus staatlichem Transfer und Arbeitseinkommen. Ziel von Kombilöhnen ist die Erzeugung einer erhöhten Nachfrage nach Niedriglohnbezieher_innen. Kombilöhnen liegt die Vorstellung zugrunde, dass viele Menschen gerade mit geringer Qualifikation keine Arbeit finden, weil ihre Produktivität unter dem mindestens zu zahlenden Lohn liegt. Kombilöhne sollen dem durch einen Zuschuss zum Arbeitslohn entgegenwirken. Lohnsubventionszahlungen im Rahmen von Kombilöhnen können befristet oder unbefristet sowohl an Arbeitgeber_innen als auch an Arbeitnehmer_innen gezahlt werden, und sie können auf bestimmte Zielgruppen – zum Beispiel Langzeitarbeitslose – hin ausgerichtet sein. Im Falle von befristeten Kombilöhnen wird dabei unterstellt, dass zu Beginn der Arbeits-

4. Ökonomische Bewertung 65

aufnahme die Produktivität des oder der Beschäftigten noch unter der »marktüblichen« liegt. Im Falle eines BGE handelt es sich um einen generalisierten unbefristeten Kombilohn, der den abhängig Beschäftigten zufließt.

Neoliberale BGE-Modelle mit ihrem deregulierten Arbeitsmarkt und einem Grundeinkommen, das aus Sicht der Unternehmen einer flächendeckenden Lohnsubventionierung und damit einem Kombilohn gleichkommt, würden gerade auch in Verbindung mit den sonstigen sozialpolitischen Vorschlägen einen beträchtlichen Druck auf die Löhne entfalten und damit zur Arbeitsaufnahme egal zu welchen Bedingungen führen: Die Arbeitgeber_innen würden den Beschäftigten mit Verweis auf die vom Staat geleisteten BGE-Zahlungen nur relativ geringe Löhne bieten. Da neoliberale BGE-Vorschläge das gewerkschaftliche Streikrecht wie im Folgenden dargelegt faktisch abschaffen wollen, wären die Arbeitgeber in einer übermächtigen Verhandlungsposition. Infolgedessen ist eine noch ungleichere Einkommensverteilung zu erwarten – dies ergibt sich auch in Kombination mit den Finanzierungsvorschlägen für das jeweilige BGE-Modell, worauf ich im nächsten Kapitel eingehen werde.

Bei dem von Dieter Althaus formulierten aktuellen BGE-Vorschlag macht schon die geringe Höhe des BGE von 500 Euro deutlich, dass das Grundeinkommen als Kombilohn gedacht ist. Bei Thomas Straubhaar und Götz Werner ist dies nicht unmittelbar an der Höhe des BGE festzumachen: Beide vermeiden eine genaue Festlegung. Allerdings lassen die im zweiten Kapitel schon kurz angesprochenen arbeitsmarkt- und sozialpolitischen Vorschläge eindeutige Rückschlüsse auf ein neoliberal geprägtes wirtschafts- und sozialpolitisches Weltbild zu.

So artikuliert Thomas Straubhaar vollkommen unmissverständlich seine neoliberalen Vorstellungen, wenn er die Kritik, das Grundeinkommen entkoppele Arbeit und Einkommen, als ein »Missverständnis« zurückweist.[74] Das Grundeinkommen soll in seinen Augen insbesondere dazu dienen, den Arbeitsmarkt so weit wie möglich zu flexibilisieren – gefordert wird eine »möglichst unverfälschte Primärverteilung der Einkommen auf der Grundlage freier Märkte«.[75] Dieser harmlos klingende Satz ist faktisch ein Plädoyer für die Abschaffung von kollektiven Tarifverhandlungen durch Arbeitgeberverbände und Gewerkschaften. Tatsächlich ist – siehe Abschnitt 3.2 – in den vergangenen Jahren ein starker Rückgang von Arbeitsverhältnissen auszumachen, die durch Tarifverträge geschützt sind. Dies ist der zentrale Grund für den großen Niedriglohnsektor in Deutschland und die starke Zunahme der Lohnspreizung. Zudem spricht sich Straubhaar für die Abschaffung des Kündigungsschutzes aus. Dieser sei mit Blick auf die Schaffung von Arbeitsplätzen eine »Austrittsschranke« und ein »Einstellungshindernis«. Mit dem Abschluss eines Arbeitsvertrages sollten, so Straubhaar, die »Abfindungsregeln beim Auslaufen des Beschäftigungsverhältnisses« festgeschrieben werden: »Hier liegen die modernen Aufgaben der Gewerkschaften. Sie sollen ihre Mitglieder unterstützen, kluge Abfindungsregeln abzuschließen.«[76]

Genau wie Straubhaar sieht auch Götz Werner im inflexiblen Arbeitsmarkt und zu hohen Arbeitskosten ein wesentliches Problem der deutschen Wirtschaft. Letztlich schwebt Werner auf Basis seines BGE-Vorschlags ein vollkommen deregulierter Arbeitsmarkt vor. So stellt er die Tarifautonomie und flächendeckende Tarifverträge infrage und attestiert ihnen eine »lähmende Wirkung« auf die Investitionstätigkeit der Unternehmen. Durch ein BGE werde es möglich, auf kollektive Zusammenschlüsse und Vereinbarungen zu verzichten. Ziel von Werner ist »ein Volk von Freelancern mit Grundeinkommen«, so dass sich »auch ein Arbeitgeber nicht mehr in dem Maße an einen Arbeitnehmer gebunden fühlen« muss.[77] Den Kündigungsschutz will Werner beseitigen, denn dies führe letztlich zu höherer Beweglichkeit und einer anderen »Spontanität« auf Seiten von Arbeitgebern und Arbeitnehmern. Letztlich folgt Götz Werner damit wie auch Thomas Straubhaar der extrem wirtschaftsliberalen Vorstellung, dass ein regulierter Arbeitsmarkt in Form von Kündigungsschutz und tarifvertraglichen Regulierungen das zentrale wirtschaftliche Problem sei.

Die fehlende Mentalität einer selbständigen freien Mitarbeiter_in mit Unternehmer_innengeist ist laut Werner auch das wesentliche Problem der Sozialversicherungen: »Ein Teil der Probleme, die das heutige Gesundheitssystem ruiniert haben, wurzelt in jener passiven Versorgungshaltung, die der beschriebenen Initiativlosigkeit im Lebensbereich Arbeit entspricht.«[78] Sein Lösungsvorschlag ist ein offenes Plädoyer für ein Mehrklassensystem der medizinischen Versorgung: Neben einer allen zustehenden Grundversorgung und der gesellschaftlichen Verantwortung für den Bedürftigkeitsfall soll »jeder je nach seinen individuellen Dispositionen und persönlichen Präferenzen aus einer Fülle von Angeboten der Privatversicherungen wählen.«[79] Die Sicherung des Lebensstandards in der Zeit nach der Erwerbsphase sieht Werner über das BGE hinaus als »private Aufgabe« - konkretere Ausführungen im Hinblick auf die Ausgestaltung der Alterssicherung bleibt Werner allerdings schuldig.

Wie in Abschnitt 3.1 dargestellt, ist aus verteilungspolitischer Sicht nicht etwa die von neoliberalen BGE-Vertreter_innen angestrebte Zerschlagung der Flächentarifverträge sinnvoll, sondern ganz im Gegenteil eine Stärkung der Tarifbindung. Dies wäre ein wichtiger Schritt, um der zunehmenden Einkommensungleichheit in Deutschland entgegenzuwirken. Wer hingegen der Auffassung ist, die abhängig Beschäftigten sollten in einen für sie ruinösen Wettbewerb um möglichst niedrige Löhne getrieben werden, der wird ganz im Sinne von Straubhaar und Werner für eine komplette Abschaffung regulierender Maßnahmen am Arbeitsmarkt plädieren.

Auch jenseits verteilungspolitischer Erwägungen ist es im Übrigen erstrebenswert, dass Unternehmen nicht auf Basis von Lohndumping um Marktanteile konkurrieren. Wenn Löhne durch Tarifverhandlungen festgelegt und so der Konkurrenz entzogen sind, dann findet ein Wettbewerb auf Basis von Produkt- und Prozessinnovationen statt. So wird die Grundlage dafür gelegt, dass neue Ideen den Wohlstand steigern können, nach dem Motto »besser statt billiger«. Deshalb ist der Flächentarifvertrag das wohl wichtigste Instrument für einen Wettbewerb, der nicht auf Basis von Lohnsenkungen erfolgt.

Die Tarifbindung hat unter anderem deshalb abgenommen, weil die Zahl der Allgemeinverbindlicherklärungen von Tarifverträgen gesunken ist. Dies hat vor allem mit der zunehmend ablehnenden Haltung der Arbeitgeberseite zu tun. Um eine Steigerung der Tarifbindung zu erreichen, wäre eine Zunahme von allgemeinverbindlich erklärten Tarifverträgen sinnvoll.[80]

Ein weiteres wichtiges Instrument, um die Tarifbindung zu erhöhen, sind Tariftreueregelungen. Diese verpflichten Unternehmen zur Zahlung von Tariflöhnen, wenn sie sich um öffentliche Aufträge bewerben. Zahlen Unternehmen keine Tariflöhne, werden sie von vornherein von der Auftragsvergabe ausgeschlossen. Die öffentliche Hand verfügt hier über eine erhebliche Marktmacht, die sie im Rahmen von Tariftreueregelungen auch zur Stabilisierung des Flächentarifvertrages einsetzen kann. Ein bundesweit gültiges Tariftreuegesetz gibt es in Deutschland nicht, die meisten Bundesländer verfügen über Tariftreue- und Vergabegesetze, die in Bezug auf ihre Reichweite sehr unterschiedlich ausgestaltet sind.

Und schließlich könnte auch die regionale Wirtschaftsförderung, durch die wirtschaftliche Akteure in einer bestimmten Region finanzielle oder materielle Unterstützung durch die öffentlichen Hand in Form von zinslosen oder zinsvergünstigten Krediten, Zuschüssen, Bürgschaften oder Beteiligungen erhalten, konsequent an die Verpflichtung der tariflichen Entlohnung gekoppelt werden.

Bevor in Abschnitt 4.1 Finanzierungs- und Verteilungsfragen ausführlicher behandelt werden, soll noch auf ein Argument eingegangen werden, das häufig für die Einführung eines BGE angeführt wird. Dabei geht es um die Behauptung, ein Bedingungsloses Grundeinkommen ermögliche Arbeit jenseits des Marktes, also freiwillige und gemeinschaftliche, d.h. ehrenamtliche Tätigkeiten, die die Wohlfahrt in der Gesellschaft erhöhen könnten.[81] Letzteres zielt dabei insbesondere auf die Bereiche Betreuung und Pflege.

Tatsächlich bestehen im Bereich der *sozialen und gesellschaftsorientierten Dienstleistungen* erhebliche Beschäftigungslücken.[82] In diesem Dienstleistungssegment liegen gerade in den Bereichen Kultur, ÖPNV, Gesundheit und Pflege sowie Erziehung und Bildung erhebliche Beschäftigungspotenziale, die aber ein hochqualifiziertes, professionelles und gut bezahltes Personal erfordern. Niedriglohnbeschäftigung oder gar Ehrenamt sind hier völlig fehl am Platze.

So fehlen laut einer aktuellen Untersuchung der Bertelsmann-Stiftung deutschlandweit mehr als 100.000 Erzieher_innen – wobei ein von der pädagogischen Forschung als angemessen angesehener Personalschlüssel unterstellt wird.[83] Zudem ist aktuell in allen Bundesländern ein steigender Lehrkräftemangel vor allem an den Grund-, Förder- und Berufsschulen auszumachen.[84]

Noch dramatischer ist die Situation sowohl im Bereich der Kranken- als auch der Altenpflege. Auch hier sind aktuell viele Arbeitsplätze unbesetzt.[85] Diese Situation wird sich in den kommenden Jahren aufgrund der Veränderung der Bevölkerungszusammensetzung dramatisch verschärfen: Die Zahl der älteren Menschen wird sich stark erhöhen, damit einher geht eine erhebliche Steigerung der pflegeabhängigen Menschen. Deshalb aber müsste eigentlich ein deutlicher Anstieg der Personen erfolgen, die im Pflegebereich arbeiten. Es scheint einigermaßen unrealistisch zu sein, die Angehörigenpflege signifikant zu erhöhen – was zudem wenig erstrebenswert wäre. Es sind aktuell häufig Frauen im mittleren Alter, die die häusliche Pflege übernehmen. Die Bereitschaft dazu wird aber zukünftig abnehmen, da Frauen immer bessere berufliche Qualifikationsniveaus und damit auch Lohnniveaus erreichen. Letztlich ist es heutzutage alltäglich, dass sowohl Männer als auch Frauen einer Erwerbsarbeit nachgehen, auch wenn noch immer eine sehr hohe Diskrepanz bei der Bezahlung von Männern und Frauen besteht.[86] Dadurch wird die Bereitschaft zur informellen Pflege weiter abnehmen. Außerdem dürfte die Möglichkeit einer familiären Pflege aufgrund der häufig doch recht großen räumlichen Entfernung von alten Eltern und erwachsenen Kindern ein Hindernis sein.

Natürlich stellt sich die Frage, wie der Versorgungslücke im Bereich der Pflege ernsthaft begegnet werden kann und soll. Letztlich ist es unvermeidlich, die Attraktivität des Pflegeberufs zu erhöhen, um so einen Strukturwandel in Gang zu setzen, der eine deutlich steigende Zahl von Menschen für dieses Berufsfeld gewinnt. Allerdings dürften nur dann mehr Beschäftigte für die Pflegeberufe zu gewinnen sein, wenn sich auch hier die allgemeinen Rahmenbedingungen deutlich verbessern. In diesem Zusammenhang ist etwa an verpflichtende Vorgaben für eine ausreichende Personalausstattung zu denken. Entscheidend für die Entwicklung der Beschäftigung im gesamten Pflegebereich dürfte allerdings sein, wie sich die Verdienstmöglichkeiten absolut bzw. in Relation zu anderen Arbeitsmarktsegmenten zukünftig entwickeln – insbesondere die Bezahlung in der Altenpflege fällt gegenüber anderen Berufen sehr schlecht aus. Eine deutlich bessere Bezahlung – hierfür sind tarifvertragliche Regelungen die wesentliche Voraussetzung – würde zu einem höheren Beschäftigungsangebot führen, mehr tatsächlich Beschäftigte in der Pflege würden die Arbeitsbedingungen verbessern und damit dieses Berufsfeld attraktiver machen, da Stress und Hetze abnehmen und sich so die Arbeitszufriedenheit erhöhen würde.

4.2 Finanzielle Tragfähigkeit und Verteilungswirkungen

Die Frage nach der Finanzierbarkeit eines Bedingungslosen Grundeinkommens – egal, um welches Modell es sich handelt – ist ein wichtiger Aspekt für dessen Umsetzungschancen. Natürlich ist in diesem Zusammenhang auch die schon diskutierte Frage nach der möglichen Wirkung eines BGE auf das Arbeitsangebot von Bedeutung.

Umfangreiche Berechnungen, die sich mit den gesamtwirtschaftlichen Folgen und vor allem der Finanzierungsfrage einer BGE-Einführung befassen, sind bisher nur für den ursprünglichen Vorschlag des ehemaligen Ministerpräsidenten von Thüringen, Dieter Althaus, und

4. Ökonomische Bewertung 71

in allgemeiner Form für sozialutopische Modelle sowie für das Modell der BAG Grundeinkommen der LINKEN angestellt worden.

Die erste Untersuchung des Althaus-Bürgergeldkonzepts stammt aus dem Jahr 2007, allerdings ohne Effekte auf das Arbeitsangebot zu berücksichtigen.[87] Im Ergebnis besteht eine Deckungslücke in Höhe von 189 Milliarden Euro, was ungefähr den Kosten für die Gesundheitsprämie im Althaus-Modell entspricht. Durch eine Erhöhung des Steuersatzes – großes Bürgergeld: 70 bzw. 80 Prozent, kleines Bürgergeld: 40 bzw. 35 Prozent – sei das Althaus-Konzept aber zu finanzieren. Im gleichen Jahr sind immerhin drei weitere umfangreiche Berechnungen zum Solidarischen Bürgergeld von Althaus unternommen worden.[88] Alle drei Untersuchungen haben den Vorteil, dass sie das Arbeitsangebotsverhalten simulieren. Sie kommen dabei zwar zu unterschiedlichen Effekten, was auf unterschiedlichen Annahmen in den verschiedenen Modellen beruht, aber allen drei sind erhebliche Finanzierungsdefizite von mehr als 200 Milliarden Euro gemeinsam.

In seinem jüngst zusammen mit Hermann Binkert erneuerten Bürgergeld-Vorschlag beträgt der Auszahl-Betrag bei Althaus 500 Euro und soll über eine Einkommensteuer mit einem einheitlichen Steuersatz (*Flat-Tax*) in Höhe von 25 Prozent bezahlt werden. Lediglich Einkünfte ab 250.000 Euro werden mit einem Steuersatz in Höhe von 50 Prozent belegt. Körperschafts- und die Abgeltungssteuer sollen entfallen. Nach Berechnung von Althaus und Binkert sind so 730 Milliarden Euro zu erzielen.[89] Von dieser Summe ziehen sie das Aufkommen aus der Gewerbesteuerumlage, der Körperschafts- und Abgeltungssteuer sowie die Kosten für das Arbeitslosengeld II, das Sozialgeld, das Kindergeld und den Kinderfreibetrag, das Elterngeld, die Grundsicherung im Alter und für die finanzielle Unterstützung Studierender (BAföG) ab. Auf dieser Grundlage seien die Kosten des neuen Solidarischen Bürgergeldes in Höhe von fast 500 Milliarden Euro zu finanzieren, wobei sogar ein Überschuss in Höhe von gut 12 Milliarden Euro entstehe.

Ob die Berechnungen von Althaus/Binkert mit Blick auf die Aufkommenswirkung ihrer steuerpolitischen Vorschläge überhaupt richtig sind, sei hier dahingestellt. Wirklich nachvollziehbar sind sie allein schon aufgrund fehlender detaillierter Angaben jedenfalls nicht. Allerdings würde – insbesondere aufgrund der *Flat-Tax* – eine massive Umverteilung von unten nach oben erfolgen. Anstelle des jetzt progressiv ausgestalteten Tarifverlaufs bei der Einkommenssteuer mit einem Eingangssteuersatz von 14 Prozent und einem Spitzensteuersatz von 42 Prozent würde ein Einheitssatz von 25 Prozent treten. Und damit würde die bestehende und in Abschnitt 3.2 ausführlich dargestellte Ungleichverteilung weiter verstärkt.[90]

Zur Finanzierung von sozialutopischen Konzepten sind ebenfalls grundlegende Überlegungen und Berechnungen angestellt worden.[91] Bezugspunkt ist insbesondere das Modell der BAG Grundeinkommen in der Linkspartei. Quantifiziert wird dabei der Finanzierungsbedarf für ein BGE in Höhe von rund 1.000 Euro, und dieser Finanzierungsbedarf wird mit gegebenen volkswirtschaftlichen Größen konfrontiert. In Anlehnung an dieses Vorgehen werden hier die aktuell verfügbaren Daten des Jahres 2018 verwendet.

Ein BGE in Höhe von monatlich 1.000 Euro pro Person würde bei 82,9 Millionen Einwohner_innen in Deutschland einem Gesamtvolumen von fast 1 Billion Euro pro Jahr entsprechen – dies wären ziemlich genau 30 Prozent der Wirtschaftsleistung des Jahres 2018 (Bruttoinlandsprodukt: 3,3 Billionen Euro). Dieses Volumen setzt in etwa auch die BAG Grundeinkommen der LINKEN für ihr Grundeinkommen in Höhe von 1.080 Euro für Erwachsene und 540 Euro für Kinder an. Wir gehen im Folgenden deshalb vereinfacht von einem Finanzierungsvolumen in Höhe von 1 Billion Euro aus.

Sozialutopische BGE-Modelle unterstellen nun, dass steuerfinanzierte Einkommensleistungen (Kindergeld, Erziehungsgeld, Sozialhilfe, Grundsicherung für Arbeitssuchende usw.) entfallen können. Aktuell belaufen sich die entsprechenden Ausgaben im Jahr 2018 auf 97 Milliarden Euro.[92] Hinzu kommen Verwaltungsausgaben, so dass insgesamt von rund 100 Milliarden Euro Einsparvolumen auszugehen ist. Damit verbleiben etwa 900 Milliarden Euro, die zu finanzieren sind. Ferner können zumindest Teile der Renten- und Pensionszahlungen sowie der Versorgungswerke[93] entfallen. Diese belaufen sich in der Summe auf etwa 350 Milliarden Euro. Um diese Summe voll anzusetzen, müsste allerdings vom bestehenden Bestandsschutz abgesehen werden: Bestandsschutz bedeutet, dass durch die Beitragszahlungen erworbene Ansprüche auf Renten- und Pensionszahlungen bestehen bleiben, auch wenn das bestehende Alterssicherungssystem abgeschafft und ein BGE für alle Altersgruppen eingeführt würde. In Deutschland leben aktuell 17,5 Millionen Menschen, die älter als 65 Jahre sind. Auf diese Personengruppe würde im Falle eines BGE-Betrags von 1.000 Euro im Monat ein Finanzierungsvolumen von gut 200 Milliarden Euro entfallen. Wenn vom Bestandsschutz abgesehen und davon ausgegangen wird, dass diese 200 Milliarden Euro vollständig aus den bisherigen Renten- und Pensionszahlungen beglichen werden, verbleibt immer noch ein Finanzierungsvolumen in Höhe von fast 700 Milliarden Euro (faktisch ist das BGE dann für Rentner_innen nicht mehr bedingungslos).

Um sich über die genannten Dimensionen der Finanzierung klar zu werden, ist in Abbildung 11 die Zusammensetzung des Bruttonationaleinkommens und in Abbildung 12 die grobe Struktur des Steueraufkommens für das Jahr 2018 dargestellt. Wenn etwa eine Teilfinanzierung der fehlenden 700 Milliarden Euro durch eine Verdopplung der Steuereinnahmen aus privaten Gewinn- und Vermögenseinkommen erfolgen soll, dann würde dies knapp 200 Milliarden Euro erbringen – die Nettoeinkommen aus Gewinn- und Vermögenseinkommen würden um rund 30 Prozent auf gut 400 Milliarden Euro sinken. Ganz konkret würde dies zu ganz erheblichen Steigerungen etwa der Gewerbe- und der Körperschaftsteuer führen, die dann in die Finanzierung des BGE gelenkt werden müssten.

Verbleiben würde immer noch ein Finanzierungsvolumen von 500 Milliarden Euro. Dabei ist grundsätzlich zu bedenken, dass sich das gesamte deutsche Steueraufkommen auf rund 800 Milliarden Euro beläuft und sich wie in Abbildung 12 zusammensetzt.

Abbildung 11: Das deutsche Bruttonationaleinkommen in Höhe von 3.458 Mrd. Euro im Jahr 2018*

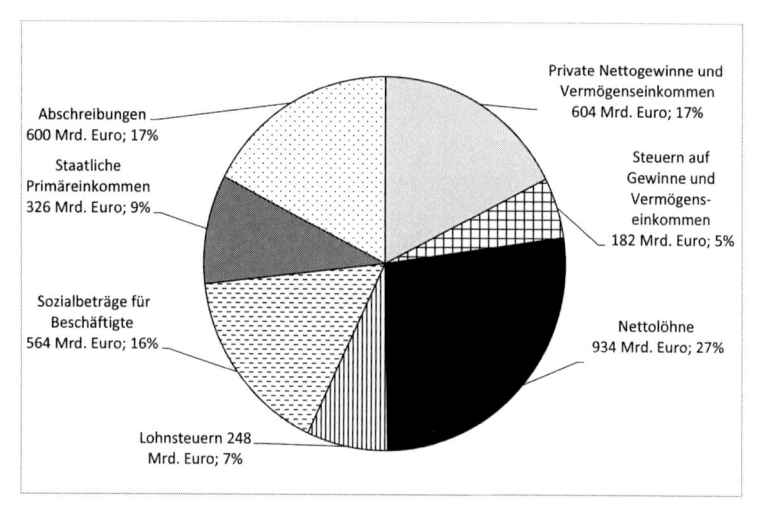

- Abschreibungen 600 Mrd. Euro; 17%
- Staatliche Primäreinkommen 326 Mrd. Euro; 9%
- Sozialbeträge für Beschäftigte 564 Mrd. Euro; 16%
- Lohnsteuern 248 Mrd. Euro; 7%
- Private Nettogewinne und Vermögenseinkommen 604 Mrd. Euro; 17%
- Steuern auf Gewinne und Vermögenseinkommen 182 Mrd. Euro; 5%
- Nettolöhne 934 Mrd. Euro; 27%

* Bei den staatlichen Primäreinkommen handelt es sich um die vom Staat empfangenen Produktions- und Importabgaben abzüglich der vom Staat geleisteten Subventionen. Steuern wie nachfolgende Abbildung 12. Die Steuern auf Gewinne und Vermögenseinkommen fassen die Gewerbe-, Körperschaft-, Kapitalertragsteuer und die veranlagte Einkommensteuer zusammen. Die Lohnsteuer wird brutto ausgewiesen, das heißt vor Abzug des Kindergeldes.

Quelle: Statistisches Bundesamt, eigene Berechnungen.

4. Ökonomische Bewertung 75

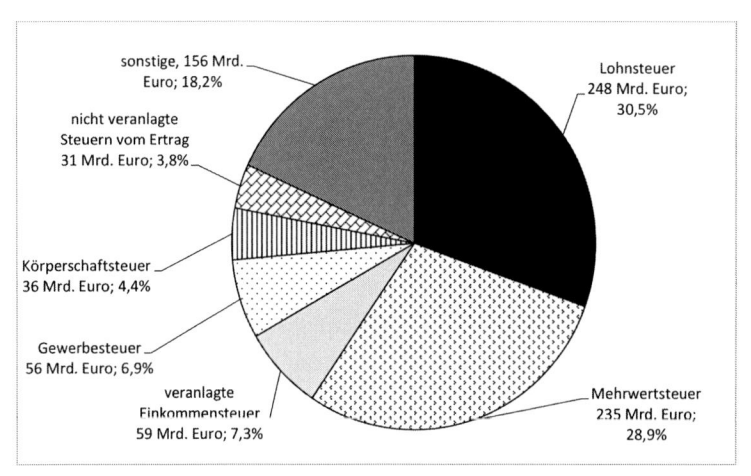

Abbildung 12: Die deutschen Steuereinnahmen in Höhe
von 813 Mrd. Euro im Jahr 2018*

- sonstige, 156 Mrd. Euro; 18,2%
- nicht veranlagte Steuern vom Ertrag 31 Mrd. Euro; 3,8%
- Körperschaftsteuer 36 Mrd. Euro; 4,4%
- Gewerbesteuer 56 Mrd. Euro; 6,9%
- veranlagte Einkommensteuer 59 Mrd. Euro; 7,3%
- Lohnsteuer 248 Mrd. Euro; 30,5%
- Mehrwertsteuer 235 Mrd. Euro; 28,9%

* Steuereinnahmen laut den Volkswirtschaftlichen Gesamtrechnungen. Anders als in der Kassenstatistik wird die Lohnsteuer brutto ausgewiesen, das heißt vor Abzug des Kindergeldes.
Quelle: Statistisches Bundesamt, eigene Berechnungen.

Soll eine Finanzierung der verbleibenden 500 Milliarden Euro über die Lohnsteuer erfolgen, dann würde die Nettolohnsumme in Höhe von 934 Milliarden Euro um fast die Hälfte durch die zusätzliche Besteuerung gekürzt. Das Aufkommen der Lohnsteuer würde sich verdreifachen. Natürlich wäre auch eine (Teil-)Finanzierung über die Umsatzsteuer denkbar, dies würde dann aber die Kaufkraft unmittelbar beeinträchtigen. Deshalb scheidet diese Finanzierungsform im Rahmen von sozialutopischen BGE-Modellen eigentlich aus. Wir werden auf eine mögliche Umsatzsteuererhöhung, die von Götz Werner als universelle Form der Staatsfinanzierung propagiert wird, allerdings gleich noch ausführlich zu sprechen kommen.

Allein die aufgezeigten Dimensionen machen deutlich, dass sozialutopische Modelle unfinanzierbar sind. Der drastische Anstieg der Gesamtabgabensätze (Lohnsteuer plus Sozialabgaben) – im Modell der BAG Grundeinkommen ist von 50 bis 70 Prozent die Rede, nach detaillierten Berechnungen[94] ist für dieses Modell tatsächlich von Belastungen in Höhe von 65 bis 85 Prozent (!) zu rechnen – würde den Anreiz zu Schwarzarbeit stark erhöhen. Dies könnte – wenn überhaupt – nur durch massive Kontrollen, die ebenfalls Kosten verursachen, unterbunden werden. Auch eine noch stärkere Besteuerung von Gewinn- und Vermögenseinkommen erscheint wirklichkeitsfremd. Bedacht werden muss zudem, dass die voranstehenden Überlegungen unterstellen, dass es nicht zu den in Abschnitt 4.1 schon diskutierten Angebotseinschränkungen bei den Beschäftigten und damit zu einer geringeren Wertschöpfung und zur Zunahme von Schwarzarbeit kommt. Treten diese auf, dann verschärfen sich die Finanzierungsmöglichkeiten weiter.

Manche BGE-Befürworter_innen bringen auch einen Subventionsabbau und die Finanzierung des BGE durch eine Finanztransaktionssteuer[95] ins Gespräch. Diese beiden Vorschläge sind ebenfalls recht unrealistisch: Die vom Staat geleisteten Subventionen belaufen sich im Jahr 2016 auf rund 54 Milliarden Euro,[96] und auch eine Finanztransaktionssteuer mit einem schon recht hohen Steuersatz von 0,1 Prozent auf Wertpapiergeschäfte und 0,01 Prozent bei Derivaten brächte nach realistischen Schätzungen gerade einmal knapp 45 Milliarden Euro an zusätzlichen Einnahmen.[97] Dabei sind für die Finanztransaktionssteuer noch keine Geschäftsrückgänge unterstellt. Ein deutlich höherer Steuersatz wird definitiv dazu führen, dass die entsprechenden Geschäfte in deutlich reduziertem Ausmaß, kaum oder auch so gut wie gar nicht mehr getätigt werden – und die Einnahmen aus dieser Steuer sich dann mehr oder weniger stark reduzieren und im Extremfall gänzlich ausfallen.

Häufig werden auch die Verwaltungsausgaben im Bereich der Sozialversicherungen als Einsparmöglichkeit gesehen.[98] Aber auch diese belaufen sich laut aktuellem Sozialbudget auf gerade einmal 37 Milliarden Euro. Sollen nur Teile der Einkommensleistungen des deutschen Sozialversicherungssystems entfallen – dies sehen wie dargestellt alle sozialutopischen Konzepte vor – dann steht auch diese Summe nur in kleinen Teilen als Einsparpotenzial zur Verfügung. Ein weiterer Vorschlag zur Finanzierung des BGE ist die Erhebung einer *Maschinensteuer* – oft mit Verweis auf digitale Technologien oder Roboter, die menschliche Arbeit verdrängen würden.[99] Diese Forderung übersieht, dass es nicht Maschinen sind, die Steuern zahlen, sondern immer ihre Eigentümer auf Basis der im Rahmen ihres Produktionseinsatzes generierten Gewinne. Insofern handelt es sich hierbei um eine höhere Besteuerung von Gewinn- und Vermögenseinkommen.

Auch die Attac-AG *Genug für Alle* hat Vorschläge zur Finanzierung ihres BGE-Konzeptes gemacht, die nicht tragfähig sind. So schlägt die AG vor, ihr BGE durch eine von Arbeitgeber_innen und Arbeitnehmer_innen paritätisch finanzierte Bürger_innenversicherung bezahlen zu lassen. Angesichts der Höhe des Attac-Vorschlags für ein BGE in Höhe von mehr als 1.000 Euro erscheint dieser Vorschlag vollkommen unrealistisch – dieses Urteil ergibt sich aus den voranstehend aufgezeigten Finanzierungsdimensionen eines BGE in Höhe von 1.000 Euro: Eine entsprechende Abgabe würde die Summe aus Nettogewinn- und Vermögenseinkommen sowie den Nettoeinkommen der abhängig Beschäftigten um 900 Milliarden Euro und damit um fast 60 (!) Prozent verringern. Auch hier würde ein großes Problem aufgrund eines hohen Anreizes zur Schwarzarbeit entstehen.

Falls die von der Attac-Arbeitsgruppe angestrebte BGE-Finanzierung nur mit Verzögerung möglich sein sollte, soll die Finanzierung durch Steuerreformmaßnahmen erfolgen – verwiesen wird dabei auf das von Attac sowie den Gewerkschaften *IG Metall* und *ver.di* im Jahr 2004 (!) vorgelegte Konzept der Solidarischen Einfachsteuer (SES),[100] das seinerzeit aber nur ein Aufkommensvolumen von gerade einmal gut 40 Milliarden Euro aufwies. Selbst aktualisierte Steuerreform-Konzepte wie jenes der Gewerkschaft Erziehung und Wissenschaft (GEW), das an die SES anknüpft, kommen »nur« zu Mehreinnahmen in Höhe von rund 100 Milliarden Euro für die öffentliche Hand.[101] Darüber hinaus wird in dem Grundsatzpapier der Attac-AG zum Grundeinkommen auf »genaue Berechnungen« in Modellen von Attac Österreich und Attac Duisburg verwiesen – hier fehlen jedoch genaue Fundstellen.[102]

Damit kommen wir abschließend auf die Finanzierungsvorschläge von Götz Werner und seinen Mitstreitern zu sprechen. Idealerweise sollte nach deren Vorstellungen nur noch der Konsum besteuert werden: »Was besteuert werden muss, ist die *Entnahme* von Leistung aus dem Wirtschaftskreislauf. Dazu muss man den Konsum besteuern – und sonst gar nichts.«[103] Dabei versucht Werner aber vor allem zwei Dinge durch eine entsprechend erhöhte Umsatzsteuer zu finanzieren: Zum einen ein Bedingungsloses Grundeinkommen, bei dessen Höhe er sich wie schon erläutert nicht genau festlegt, aber Beträge in Höhe von 1.000 bzw. 1.500 Euro ins Spiel bringt. Zum anderen will Werner darüber hinaus insbesondere die Besteuerung von Gewinn- und Vermögenseinkommen durch eine Besteuerung des Konsums ersetzen. Von letzterem verspricht sich Werner die Freisetzung einer starken wirtschaftlichen Dynamik. Hierauf soll etwas genauer eingegangen werden, nachdem die Dimensionen des Werner-Vorschlags behandelt worden sind.

Auch wenn Werner sich bei der Höhe des Grundeinkommens nicht festlegen will, wollen wir von einem Grundeinkommensbetrag von 1.000 Euro pro Person ausgehen. Dies würde ein Finanzierungsvolumen von einer Billion Euro darstellen. Würde dies wie von Werner vorgeschlagen über die Mehrwertsteuer finanziert werden, dann müsste die Mehrwertsteuer das Vier- bis Fünffache des aktuellen Aufkommens von 235 Milliarden Euro erbringen. Der Mehrwertsteuersatz würde von aktuell 19 auf 80 bis 100 Prozent steigen. Da die Mehrwertsteuer und auch entsprechende Mehrwertsteuererhöhungen in den Preisen an die Käufer von Gütern und Dienstleistungen weitergegeben werden, würde dies die Kaufkraft massiv schmälern. Um die reale Kaufkraft des BGE zu erhalten, müsste dies über 1.000 Euro steigen, was wiederum eine weitere Erhöhung der Mehrwertsteuer nach sich ziehen müsste.

Auch hier kann natürlich wieder angeführt werden, dass Sozialleistungen entfallen würden, und dass Rentenzahlungen zumindest in der langen Frist durch das Grundeinkommen wenigstens zum Teil ersetzt werden. Trotzdem ließe sich aber ein erheblicher Anstieg der

Umsatzsteuer nicht vermeiden – zumal Werner letztlich das ganze deutsche Steuersystem umkrempeln will. Im Rahmen seiner Publikationen nimmt die Argumentation für ein Konsumbesteuerungssystem einen sehr breiten Raum ein. Dabei geht es in der Regel dann gar nicht mehr um Finanzierungsaspekte des BGE, sondern darum, Gewinn- und Einkommensteuern abzuschaffen und Eigentum überhaupt nicht mehr zu besteuern. Sinnvoll sei, so Werner, einzig die Besteuerung der Konsumausgaben beim Entfall aller anderen Steuern. Das gegenwärtige Steuersystem garantiere »kaum mehr als eine Scheingerechtigkeit«,[104] es beinhalte »Initiativenbremsen«[105] und betreibe »fiskalische Umweltverschmutzung«[106]. Aber die Vergleiche werden noch abenteuerlicher: Die Besteuerung von Kapitalerträgen wird gar mit Kinderarbeit verglichen[107] und sei »Knospenfrevel«.[108]

Werners Argumentation – und die seiner Mitstreiter Weik und Friedrich – ist dabei höchst simpel und spiegelt die Sicht eines Einzelunternehmers wider. Mit einer ernstzunehmenden ökonomischen Analyse hat dies nichts zu tun. Laut Werner würden alle Steuern – sowohl die Mehrwertsteuer als auch alle anderen Steuern auf die Gewinneinkommen – auf die Preise abgewälzt. Damit verengt Werner den Blick auf das gesamtwirtschaftliche Geschehen in extremer Weise und reduziert es auf seine persönliche einzelwirtschaftliche Sicht, und das ist die eines Unternehmers auf Ausgaben, Einnahmen und Steuerzahlungen *am Ende eines Geschäftsjahres*. Aus dieser Perspektive stehen die Ausgaben den Einnahmen gegenüber. Die erzielten Preise beim Verkauf der erstellten Dienstleistungen und Produkte decken in der Aufstellung des Unternehmers die Kosten und es fällt in der Regel auch ein Überschuss an. Aus diesem Überschuss sind sämtliche Steuern zu zahlen, und es verbleibt der Nettogewinn. Aus dieser rückblickenden Perspektive lösen sich tatsächlich alle Kosten, Steuern und der (Netto-)Gewinn in den Preisen auf.

Allerdings ist es vollkommen absurd, davon auszugehen, dass Unternehmen alle Kostensteigerungen, Gewinnsteuererhöhungen usw. einfach in den Preisen an die Endverbraucher weitergeben können.

Vielmehr sind etwa für die Frage, ob zum Beispiel Lohnsteigerungen durch die Einführung eines Mindestlohns zu Preissteigerungen führen oder den Gewinn schmälern, verschiedenste Sachverhalte entscheidend: etwa die Konkurrenzsituation auf dem entsprechenden Markt, die Nachfrageentwicklung nach den produzierten Gütern und Dienstleistungen und anderes mehr. Gesamtwirtschaftlich ist außerdem von Relevanz, ob Lohnsteigerungen bei Personen mit hoher oder niedriger Sparneigung anfallen. Sind es ärmere Haushalte, die in der Regel kaum sparen und fast ihr gesamtes Einkommen verausgaben, dann sind die gesamtwirtschaftlichen Auswirkungen durch eine Steigerung des Konsums positiv.

Bei Steuern ist zudem nach Steuerarten zu unterscheiden. Tatsächlich zahlen Unternehmen alle Steuern aus ihren Einnahmen, aber nur bei der Mehrwertsteuer ist es richtig, in der längeren Frist eine Eins-zu-eins-Überwälzung in den Preisen zu unterstellen. So muss ein Einzelhandelsunternehmen zwar die Mehrwertsteuer an das Finanzamt abführen, aber das Unternehmen schlägt diese Steuer genau wie seine Konkurrent_innen auch auf die Preise auf. Dadurch wird die Mehrwertsteuer letztlich vom Käufer des entsprechenden Produkts getragen, was vom Gesetzgeber auch genau so gewollt ist. Die Besteuerung des Umsatzes wirkt *regressiv*, da die hohen Einkommen eine höhere Spar- bzw. eine niedrigere Konsumquote aufweisen – das heißt mit anderen Worten: Hocheinkommensbezieher_innen werden in Relation zu ihrem Einkommen geringer mit Mehrwertsteuer belastet als Bezieher_innen von mittleren oder geringen Einkommen.

Gewinnsteuern sind im Gegensatz zu Steuern auf den Umsatz als Abzüge vom Gewinn zu interpretieren. Die Gewinnsumme sowohl eines einzelnen Unternehmens als auch des gesamten Unternehmenssektors in einer Volkswirtschaft schwankt etwa in Abhängigkeit von der jeweiligen Branchenkonjunktur bzw. der gesamtwirtschaftlichen Konjunktur, so dass eine vorausschauende Kalkulation des Gewinns und seiner Besteuerung – anders als von Werner unterstellt – überhaupt nicht möglich ist. Wenn Gewinnsteuern aber nicht verlässlich kalkuliert werden können, kann auch nicht einfach von einer Überwälzung auf die Preise ausgegangen werden. Zwar wird bei der Einkommensteuer, die auch abhängig Beschäftigte zahlen, die Möglichkeit der Überwälzung in den Wirtschaftswissenschaften diskutiert. Aber diese Möglichkeit nimmt mit steigender Progression – das heißt der Steigerung des Steuersatzes bei zunehmender Einkommenshöhe – sowie individueller und gruppenspezifischer Differenzierung ab. So kann z.B. ein Unverheirateter ohne Kind gegenüber einem verheirateten Mitbewerber mit Kind bei einem potentiellen Arbeitgeber seine höhere Steuerbelastung im Rahmen von Verhandlungen um den Bruttolohn nicht geltend machen. Generell wird zudem bei steigendem Durchschnittssteuersatz die volle Überwälzung erschwert: Wer eine bestimmte Nettolohnsteigerung anstrebt, wird eine prozentual stärkere Erhöhung des Bruttolohns durchsetzen müssen. Aufgrund der zumindest eingeschränkten Überwälzungsmöglichkeit ist die Einkommensteuer ein effektives Instrument, um die durch Marktprozesse hervorgebrachte Einkommensverteilung zu korrigieren.[109]

Mit seiner Argumentation ignoriert Werner nicht nur die hier kurz skizzierten Erkenntnisse, sondern auch alle neueren Arbeiten der empirischen Verteilungsforschung – an dieser Stelle sei auf die Ausführungen in Abschnitt 3.1 und insbesondere auf die dort angesprochene bahnbrechende Arbeit von Thomas Piketty verwiesen. Gerade letzterer hat den gravierenden Einfluss der Steuerpolitik auf die Einkommens- und Vermögensverteilung herausgearbeitet. Würden, wie von Werner vorgeschlagen, alle Einkommen- und Unternehmenssteuern gesenkt oder abgeschafft und die Mehrwertsteuer im Gegenzug erhöht, hätte dies aufgrund der dargelegten unterschiedlichen Wirkungen von Steuersatzveränderungen bei den verschiedenen Steuerarten verheerende Auswirkungen auf die Einkommensverteilung: Reiche Personen würden massive inflationsbereinigte Einkommenssteigerungen erleben, während Personen im mittleren und unteren Einkommenssegment verlieren.

Angesichts der bisher schon dargelegten Argumente, die Werner für seine steuerpolitischen Vorschläge vorträgt, ist es auch nicht verwunderlich, dass er in hohen Gewinneinkommen und großen Vermögen generell kein Problem sieht.[110] Unternehmerisches Handeln habe nur eine Aufgabe: Die Menschen mit Gütern und Dienstleistungen und mit Einkommen zu versorgen – und hier würden alle Arten von Steuern außer der Besteuerung des Konsums nur stören. Reichtum und hohe Einkommen stellten kein Problem dar, weil sie immer zu Beschäftigung führen: entweder durch unmittelbare Investitionen im Unternehmen, durch Konsum, durch Sparen oder durch Verschenken. In den beiden letzten Fällen werde das Geld dann von anderen verausgabt.

Dass sich eine gleichere Verteilung von Einkommen positiv auf den Konsum auswirkt, bleibt bei Werner außen vor: Der Teil des Einkommens, der gespart wird, steigt mit der Größe des Einkommens proportional an. Damit sinkt spiegelbildlich der Teil des Einkommens, der konsumiert wird. Deshalb ist eine starke Ungleichverteilung der gesamtwirtschaftlichen Einkommenssumme von Nachteil, da die Konsumnachfrage dann schwächer ausfällt als bei einer Gleichverteilung der Einkommen. Auch die öffentliche Hand kann hier durch die Steuerpolitik ausgleichend wirken und gerade große Einkommen hoch besteuern. Denn mit diesen Einnahmen sorgt sie für die Bereitstellung wichtiger Dienstleistungen und Infrastrukturen – und schafft so auch Beschäftigung. Zu denken ist zum Beispiel an Kindertageseinrichtungen, Schulen, Krankenhäuser, den Öffentlichen Personennahverkehr, bezahlbaren und sozialen Wohnraum und vieles andere mehr.

Ein weiterer Aspekt von großen Vermögen und hohen Einkommen, der bei Werner unerwähnt bleibt, ist die Möglichkeit der gesellschaftlichen und politischen Einflussnahme. So geben vor allem Vermögende in der Politik die Richtung vor: Der Bundestag ist in seinen Entscheidungen viel stärker den Interessen derjenigen gefolgt, die höhere Einkommen beziehen sowie ›höheren‹ Berufsgruppen angehören. Und die Anliegen derjenigen, die wenig Geld haben und/

oder unteren sozialen Gruppen angehören, finden systematisch weniger Beachtung.[111] Dies allerdings ist ein Aspekt, der einen Mann wie Götz Werner als einen Vertreter der Superreichen kaum interessieren und wohl schon gar nicht stören wird.

5. Zusammenfassung

Im Rahmen der erfolgten Darstellungen und Bewertungen sind idealtypisch zwei Modellvarianten des Bedingungslosen Grundeinkommens unterschieden worden – eine neoliberale und eine sozialutopische Variante. Dabei ist für die Unterscheidung nicht (alleine) die Höhe des Grundeinkommens ausschlaggebend. Entscheidend ist vielmehr die Frage, welche begleitenden Maßnahmen im Bereich der Arbeits-, Sozial- und Steuerpolitik ergriffen werden.

Während *neoliberale* Vorschläge insbesondere einen deregulierten Arbeitsmarkt ohne Tarifverträge und Kündigungsschutz anstreben, um die Arbeitskosten zu senken, wollen *sozialutopische* Modelle dies explizit nicht. Vielmehr wollen letztere die bestehenden Arbeitsmarktregulierungen erhalten oder sogar stärken – etwa durch eine in ihren Augen angemessene Erhöhung des Mindestlohns.

Erstaunlicherweise greifen beide hier unterschiedenen Modelltypen sehr häufig auf die gleiche Begründung zurück – das Entstehen von technologisch bedingter Arbeitslosigkeit. Dieses Argument wird insbesondere in den letzten Jahren vehement mit Bezug auf die sogenannte Digitalisierung vertreten. Vollkommen ignoriert wird dabei die schon vor rund 30 Jahren geführte Debatte um die volkswirtschaftlichen Folgen von Rationalisierungsmaßnahmen. Tatsächlich lassen sich Freisetzungen durch die Steigerung der Produktivität nicht stringent begründen. Und insbesondere die Empirie der vergangenen 200 Jahre – aber auch der Trend der jüngsten Vergangenheit – spricht dagegen, dass die entwickelten Volkswirtschaften vor einem massiven Anstieg der Arbeitslosigkeit aufgrund des Einsatzes von Künstlicher Intelligenz, Industrierobotern usw. stehen. Zum einen ist in der Geschichte des Kapitalismus keine längere Zeitspanne bekannt, in der Produktivitätssteigerungen Massenarbeitslosigkeit zur Folge hatten. Zum anderen ist gerade in den vergangenen Jahrzehnten ein starker trendmäßiger Rückgang der Produktivitätssteigerungsraten zu beobachten.

Die tatsächliche Einführung des Bedingungslosen Grundeinkommens erscheint weder in der sozialutopischen noch in der neoliberalen Variante erstrebenswert. Neoliberale BGE-Modelle würden mit ihren arbeitsmarktpolitischen Ideen und ihren Finanzierungsvorschlägen die Ungleichverteilung in der Gesellschaft massiv vergrößern. Sozialutopische Konzeptionen hingegen erscheinen unfinanzierbar. Ihre Umsetzung würde mit einem massiven Einbruch der Wirtschaftsleistungen einhergehen – das Arbeitsangebot würde im ersten Schritt sinken, woraufhin dann die Wertschöpfung zurückgehen würde. Aufgrund der hohen Belastung der Einkommen mit Steuern und Sozialabgaben wäre zudem höchstwahrscheinlich mit einem Anstieg der Schwarzarbeit zu rechnen, was also die Finanzierungsmöglichkeiten weiter einschränken würde.

Und schließlich gehen Vorstellungen von freiwilliger gemeinnütziger Arbeit vollkommen an den zentralen strukturpolitischen Herausforderungen der deutschen Wirtschaft im Dienstleistungsbereich vorbei. Insofern handelt es sich bei dem bedingungslosen Grundeinkommen um eine Idee, deren reale Umsetzung, egal in welcher bisher angedachten Variante, kaum sinnvoll erscheint.

Literatur

Adamo, Nils (2012): Bedingungsloses Grundeinkommen, Darmstadt.

Adriaans, Jule/Liebig, Stefan/Schupp, Jürgen (2019): Zustimmung für bedingungsloses Grundeinkommen eher bei jungen, bei besser gebildeten Menschen sowie in unteren Einkommensschichten, in: DIW Wochenbericht 25/2019, S. 264–270.

Althaus, Dieter (2007): Das Solidarische Bürgergeld, in: Borchard, Michael (Hg.): Das Solidarische Bürgergeld – Analyse einer Reformidee, Stuttgart, S. 1–12.

Althaus, Dieter/Binkert, Hermann (2017): Das neue Solidarische Bürgergeld. Vorstellung des weiterentwickelten Konzepts, http://www.dieter-althaus.de/fileadmin/Dateiablage/PDF/Solidarisches_Buergergeld_Juli17.pdf.pdf.

Bach, Stefan/Beznoska, Martin/Steiner, Viktor (2016a): Wer trägt die Steuerlast in Deutschland? Verteilungswirkungen des deutschen Steuer- und Transfersystems. DIW Politikberatung Kompakt 114, September, Berlin.

Bach, Stefan/Beznoska, Martin/Steiner, Viktor (2016b): Wer trägt die Steuerlast in Deutschland? Steuerbelastung nur schwach progressiv, in: DIW Wochenbericht 51+52/2016, S. 1207–1216.

Bach, Stefan/Thiemann, Andreas/Zucco, Aline (2018): Looking for the Missing Rich: Tracing the Top Tail of the Wealth Distribution, DIW Discussion Papers 1717, Berlin.

Bäcker, Gerhard (2017): Grundeinkommen: besinnungslos bedingungslos?, IAQ-Standpunkt 03-2017, https://www.iaq.uni-due.de/iaq-standpunkte/2017/sp2017-03.pdf.

Bäcker, Gerhard (2018): Einkommen für alle und ohne jegliche Bedingung – Illusion und Irrtümer, in: Butterwegge, Christoph/Rinke, Kuno (Hrsg.): Grundeinkommen kontrovers. Plädoyers für und gegen ein neues Sozialmodell, Weinheim/Basel, S. 165–176.

Bartels, Charlotte (2018): Einkommensverteilung in Deutschland seit 1871–2013: Erneut steigende Polarisierung seit der Wiedervereinigung, DIW Wochenbericht 3/2018, S. 51–58.

Beck, Ulrich (2007): Schöne neue Arbeitswelt, Frankfurt am Main.

Becker, Irene (2017): Zur Entwicklung der personellen Einkommens- und Vermögensverteilung in Deutschland, in: Eicker-Wolf, Kai/Truger, Achim (Hg.): Ungleichheit – ein »gehyptes Problem«? Zur Entwicklung von Einkommens- und Vermögensverteilung in Deutschland, Marburg, S. 79–110.

Behringer, Jan/Theobald, Thomas/van Treeck, Till (2014): Einkommens- und Vermögensverteilung in Deutschland: eine makroökonomische Sicht, IMK Report 99/2014.

Blaschke, Ronald (2012a): Von der Idee des Grundeinkommens zur politischen Bewegung in Europa – Entwicklung und Fragen, in: Blaschke, Ronald/Otto, Adeline/Schepers, Norbert (Hg.): Grundeinkommen, Hamburg, S. 17–62.

Blaschke, Ronald (2012b): Aktuelle Ansätze und Modelle von Grundsicherungen und Grundeinkommen in Deutschland, in: Blaschke, R./Otto, Adeline/Schepers, Norbert (Hg.): Grundeinkommen, Hamburg, S. 118–251.

Bonin, Holger/ Schneider, Hilmar (2007): Beschäftigungswirkungen und fiskalische Effekte einer Einführung des Solidarischen Bürgergelds, Bonn.

Bonin, Holger/Gegory, Terry/Zierahn, Ulrich (2015): Übertragung der Studie von Frey/Osborne (2013) auf Deutschland, Zentrum für Europäische Wirtschaftsforschung, Kurzexpertise Nr. 57, http://ftp.zew.de/pub/zew-docs/gutachten/Kurzexpertise_BMAS_ZEW2015.pdf.

Bosbach, Gerd (2004): Demografische Entwicklung – nicht dramatisieren, in: Gewerkschaftliche Monatshefte 2/2004, S. 98–105.

Bosch, Gerhard/Kalina, Thorsten (2017a): Wachsende Ungleichheit in der Prosperität. Einkommensentwicklung 1984 bis 2015 in: IAQ Forschung 03/2017.

Bosch, Gerhard/Kalina, Thorsten (2017b): Die deutsche Mittelschicht aus der Arbeitsmarktperspektive, in: Eicker-Wolf, Kai/Truger, Achim (Hg.): Ungleichheit – ein »gehyptes Problem«? Zur Entwicklung von Einkommens- und Vermögensverteilung in Deutschland, Marburg, S. 111–141.

Bosch, Gerhard/Kalina, Thorsten (2017c): Kein Grund zur Entwarnung! Ungleichheit nimmt weiter zu und ihr Niveau ist nicht akzeptabel, in: ifo Schnelldienst 10/2017, S. 22–26.

Brenke, Karl (2019): Produktivitätswachstum sinkt trotz steigendem Qualifikationsniveau der Erwerbstätigen, in: DIW Wochenbericht 33/2019. S. 575–585.

Brynjolfsson, Erik/McAfee, Andrew (2015): The Second Machine Age. Wie die nächste digitale Revolution unser aller Leben verändern wird, 3. Auflage, Kulmbach.

Bundesarbeitsgemeinschaft Grundeinkommen in und bei der Partei DIE LINKE (2016): Unser Konzept eines bedingungslosen Grundeinkommens – finanzierbar, emanzipatorisch, gemeinwohlfördernd, https://www.die-linke-grundeinkommen.de/fileadmin/lcmsbag grundeinkommen/PDF/BAG_Brosch2016.pdf.

Bundesministerium der Finanzen (2017): 26. Subventionsbericht. Bericht der Bundesregierung über die Entwicklung der Finanzhilfen des Bundes und der Steuervergünstigungen für die Jahre 2015 bis 2018 (Kurzfassung), https://www.bundesfinanzministerium.de/Content/ DE/Downloads/Broschueren_Bestellservice/2018-08-23-subventi onsbericht-26.pdf?__blob=publicationFile&v=2.

Bundesministerium für Arbeit und Soziales (2019): Sozialbudget 2018, https://www.bmas.de/SharedDocs/Downloads/DE/PDF-Publika tionen/a230-18-sozialbudget-2018.pdf;jsessionid=EEF81532013C C27101DD8505DAD27DB2?__blob=publicationFile&v=2.

Dengler, Katharina/Matthes, Britta (2015): Folgen der Digitalisierung für die Arbeitswelt. Substituierbarkeitspotenziale von Berufen in Deutschland, IAB-Forschungsbericht 11/2015, http://doku.iab.de/ forschungsbericht/2015/fb1115.pdf.

Dengler, Katharina/Matthes, Britta (2018): Weniger Berufsbilder halten mit der Digitalisierung Schritt, IAB-Kurzbericht 4/2018, http://doku.iab.de/kurzber/2018/kb0418.pdf.

Eicker-Wolf, Kai (2017): Wirtschaftswunderland. Eine Abrechnung mit der Wirtschaftspolitik von Gerhard Schröder bis heute, Marburg.

Eicker-Wolf, Kai/Reiner, Sabine (1998): Bevölkerungsentwicklung, technischer Fortschritt und Arbeitslosigkeit – zu Theorie und bundesrepublikanischer Empirie, in: Eicker-Wolf, Kai/Käpernick, Ralf/Niechoj, Torsten/Reiner, Sabine/Weiß, Jens (Hg.): Die arbeitslose Gesellschaft und ihr Sozialstaat, Marburg, S. 171–200.

Eicker-Wolf, Kai/Müller, Helena (2018): Der Gender Pay Gap in Deutschland: Politisches Handeln gefragt! Blickpunkt Wiso, https://www.blickpunkt-wiso.de/post/der-gender-pay-gap-in-deutschland-politisches-handeln-gefragt--2231.html.

Elsässer, Lea/Hense, Svenja/Schäfer, Armin (2017): »Dem deutschen Volke«? Die ungleiche Responsivität des Bundestags, in: Zeitschrift für Politikwissenschaft 27, S. 161–180.

Fischer, Joachim (2006): Sachzwang oder Mythos? Über die Folgen der demographischen Entwicklung in Deutschland, in: Beier, Angelika/Eicker-Wolf, Kai/Körzell, Stefan/Truger, Achim (Hg.): Investieren, sanieren, reformieren? Die Wirtschafts- und Sozialpolitik der schwarz-roten Koalition, 2. Auflage, Marburg, S. 147–173.

Ford, Martin (2016): Aufstieg der Roboter. Wie unsere Arbeitswelt gerade auf den Kopf gestellt wird – und wie wir darauf reagieren müssen, 2. Auflage, Kulmbach.

Franzmann, Manuel (2010): Einleitung. Kulturelle Abwehrformationen gegen die »Krise der Arbeitsgesellschaft« und ihre Lösung: Die Demokratie der geistesaristokratischen Muße, in: Franzmann, Manuel (Hg.): Bedingungsloses Grundeinkommen als Antwort auf die Krise der Arbeitsgesellschaft, Weilerswist, S. 11–103.

Frey, Carl Benedikt/Osborne, Michael A. (2013): the Future of Employment: How susceptible are Jobs to Computerisation, University of Oxford, https://www.oxfordmartin.ox.ac.uk/downloads/academic/The_Future_of_Employment.pdf.

Friedman, Milton (2011): Kapitalismus und Freiheit, München.

Fuest, Clemens/Peichl, Andreas/Schaefer, Thilo (2007): Beschäftigungs- und Finanzierungswirkungen des Bürgergeldkonzepts von Dieter Althaus, in: ifo Schnelldienst 10/2007, S. 36–40.

GEW (2016): Richtig gerechnet! Das Steuerkonzept der GEW – Aktualisierung und Neuberechnung, https://www.gew.de/fileadmin/media/publikationen/hv/Bildung_und_Politik/Bildungsfinanzierung/GEW_Steuerkonzept.pdf.

Grabka, Markus M./Schröder, Carsten (2018): Ungleichheit in Deutschland geht bei Stundenlöhnen seit 2014 zurück, stagniert aber bei Monats- und Jahreslöhnen, in: DIW-Wochenbericht 9/2018, S. 158–166.

Grabka, Markus M./Schröder, Carsten (2019): Der Niedriglohnsektor in Deutschland ist größer als bislang angenommen, in: DIW Wochenbericht 14/2019, S. 250–257.

Grabka, Markus M./Goebel, Jan/Liebig, Stefan (2019): Wiederanstieg der Einkommensungleichheit – aber auch deutlich steigende Realeinkommen, in: DIW Wochenbericht 19/2019, S. 344–353.

Grabka, Markus M./Goebel, Jan/Schröder, Carsten/Schupp, Jürgen (2016): Schrumpfender Anteil an BezieherInnen mittlerer Einkommen in den USA und Deutschland, in: DIW Wochenbericht 18/2016, S. 391–402 [korrigierte Version].

Hegelich, Simon/Knollmann, David/Knollmann, Johanna (2011): Agenda 2010. Strategien – Entscheidungen – Konsequenzen, Wiesbaden.

Hohenleitner, Ingrid/Straubhaar, Thomas (2008): Bedingungsloses Grundeinkommen und Solidarisches Bürgergeld – mehr als sozialutopische Konzepte, in: Straubhaar, Thomas (Hg.): Bedingungsloses Grundeinkommen und Solidarisches Bürgergeld – mehr als sozialutopische Konzepte, Hamburg, S. 9–127.

Horn, Gustav A./Gechert, Sebastian/Rehm, Miriam/Schmid, Kai D. (2014): Wirtschaftskrise unterbricht Anstieg der Ungleichheit, IMK Report 97/2014.

Kalina, Thorsten/Weinkopf, Claudia (2017): Niedriglohnbeschäftigung 2015 – bislang kein Rückgang im Zuge der Mindestlohneinführung, IAQ-Report 06–2017.

Kalina, Thorsten/Weinkopf, Claudia (2018): Niedriglohnbeschäftigung 2016 – beachtliche Lohnzuwächse im unteren Lohnsegment, aber weiterhin hoher Anteil von Beschäftigten mit Niedriglöhnen, IAQ-Report 06/2018.

Kern, Horst/Schumann, Michael (1990): Das Ende der Arbeitsteilung? Rationalisierung in der industriellen Produktion, 4. Auflage, München.

Klemm, Klaus (2019): Seiten- und Quereinsteiger_innen an Schulen in den 16 Bundesländern, Berlin.

Klemm, Klaus/Zorn, Dirk (2019): Steigende Schülerzahlen im Primarbereich: Lehrkräftemangel deutlich stärker als von der KMK erwartet, Gütersloh.

Krämer, Ralf (2017): Zum postfaktischen BGE-Konzept der BAG Grundeinkommen in der Linken, http://www.ralfkraemer.de/zum-postfaktischen-bge-konzept-der-bag-grundeinkommen-in-der-linken/.

Krämer, Ralf (2018): Eine illusionäre Forderung und keine soziale Alternative, in: Butterwegge, Christoph/Rinke, Kuno (Hg.): Grundeinkommen kontrovers. Plädoyers für und gegen ein neues Sozialmodell, Weinheim/Basel, S. 131–149.

Kumpmann, Ingmar (2010): Das Problem der Finanzierung eines bedingungslosen Grundeinkommens, in: Franzmann, Manuel (Hg.): Bedingungsloses Grundeinkommen als Antwort auf die Krise der Arbeitsgesellschaft, Weilerswist, S. 369–391.

McAfee, Andrew/Brynjolfsson, Erik (2018): Machine, Platform, Crowd. Wie wir das Beste aus unserer digitalen Zukunft machen, Kulmbach.

Mokyr, Joel/Vickers, Christ/Ziebarth, Nicolas L. (2015): The History of Technological Anxiety and the Future of Economic Growth: Is This Time Different? in: Journal of Economic Perspectives, Vol. 29, Number 3, S. 31–50.

Opielka, Michael (2008): Grundeinkommen als umfassende Sozialreform, in: Straubhaar, Thomas (Hg.): Bedingungsloses Grundeinkommen und Solidarisches Bürgergeld – mehr als sozialutopische Konzepte, Hamburg, S. 129–174.

Opielka, Michael/Strengmann-Kuhn, Wolfgang (2007): Das Solidarische Bürgergeld. Finanz- und sozialpolitische Analyse eines Reformkonzepts, in: Borchard, Michael (Hg.): Das Solidarische Bürgergeld – Analyse einer Reformidee, Stuttgart, S. 13–141.

Piketty, Thomas (2014): Das Kapital im 21. Jahrhundert, München.

Piore, Michael J./Sabel, Charles F. (1989): Das Ende der Massenproduktion, Frankfurt.

Precht, Richard David (2018): Frei leben! Digitalisierung, Grundeinkommen und Menschenbild, in: Butterwegge, Christoph/Rinke, Kuno (Hg.): Grundeinkommen kontrovers. Plädoyer für und gegen ein neues Sozialmodell, Weinheim/Basel, S. 32–49.

Rätz, Werner/Paternoga, Dagmar/Reiners, Jörg/Reipen, Gernot (2019): Digitalisierung? Grundeinkommen!, Wien/Berlin.

Rifkin, Jeremy (2011): Das Ende der Arbeit und ihre Zukunft, 3. Auflage, Frankfurt am Main.

Sachverständigenrat zur Begutachtung der gesamtwirtschaftlichen Entwicklung (2007): Das Erreichte nicht verspielen, https://www.sachverstaendigenrat-wirtschaft.de/fileadmin/dateiablage/download/gutachten/jg07_ges.pdf.

Schäfer, Dorothee (2015): Fiskalische und ökonomische Auswirkungen einer eingeschränkten Finanztransaktionssteuer. DIW Berlin: Politikberatung kompakt 95, Berlin.

Schildt, Gerhard (2010): Die Abnahme der Arbeitszeit – ein säkularer Trend, in: Franzmann, M. (Hg.): Bedingungsloses Grundeinkommen als Antwort auf die Krise der Arbeitsgesellschaft, Weilerswist, S. 127–164.

Schmid, Kai Daniel/Spannagel, Dorothee (2015): Kapitaleinkommen und Einkommensungleichheit in Deutschland, in: Bofinger, Peter/Horn, Gustav A./Schmid, Kai D./van Treeck, Till (Hg.): Thomas Piketty und die Verteilungsfrage, Berlin, SE Publishing, S. 243–271.

Schmid, Kai Daniel/Peichl, Andreas/Drechsel-Grau, Moritz (2015): Querverteilung und Spitzeneinkommen in Deutschland, IMK Report 108.

Spannagel, Dorothee (2015): Trotz Aufschwung: Einkommensungleichheit geht nicht zurück. WSI-Verteilungsbericht 2015, WSI-Report Nr. 26.

Spannagel, Dorothee (2017): Zur Entwicklung der sozialen Mobilität seit Anfang der 1990er Jahre, in: Eicker-Wolf, Kai/Truger, Achim (Hg.): Ungleichheit – ein »gehyptes Problem«? Zur Entwicklung von Einkommens- und Vermögensverteilung in Deutschland, Marburg, S. 143–170.

Spannagel, Dorothee (2018): Dauerhafte Armut und verfestigter Reichtum, WSI-Verteilungsbericht 2018, WSI-Report Nr. 43.

Spannagel, Dorothee/Molitor, Katharina (2019): Einkommen immer ungleicher verteilt. WSI-Verteilungsbericht 2019, WSI-Report Nr. 53.

Spannagel, Dorothee/Tiefensee, Anita (2017): Einkommensungleichheit ist trotz wirtschaftlichen Aufschwungs gestiegen, in: ifo Schnelldienst 10/2017, S. 15–18.

Schreiner, Patrick (2017): Löhne und Verteilung, in: Eicker-Wolf, Kai/Truger, Achim (Hg.): Ungleichheit – ein »gehyptes Problem«? Zur Entwicklung von Einkommens- und Vermögensverteilung in Deutschland, Marburg, S. 47–78.

Straubhaar, Thomas (2017): Radikal gerecht. Wie das bedingungslose Grundeinkommen den Sozialstaat revolutioniert, Hamburg.

Straubhaar, Thomas (2018): Was ist ein Grundeinkommen und wie funktioniert es, in: Butterwegge, Christoph/Rinke, Kuno (Hg.): Grundeinkommen kontrovers. Plädoyers für und gegen ein neues Sozialmodell, Weinheim/Basel, S. 10–31.

Vanderborght, Yannick/Van Parijs, Philippe (2005): Ein Grundeinkommen für alle?, Frankfurt am Main.

Van Treeck, Till (2015): Zur Bedeutung von r > g in Pikettys »Kapital im 21. Jahrhundert«, in: Bofinger, Peter/Horn, Gustav A./Schmid, Kai D./van Treeck, Till (Hg): Thomas Piketty und die Verteilungsfrage, SE Publishing, S. 73–100.

Wagner, Björn (2009): Das Grundeinkommen in der deutschen Debatte. Diskussionspapier im Auftrag des Gesprächskreises Sozialpolitik der Friedrich-Ebert-Stiftung, https://library.fes.de/pdf-files/wiso/06194.pdf.

Werner, Götz W. (2007): Einkommen für alle, Köln.

Werner, Götz W. (2018): Einkommen für alle. Bedingungsloses Grundeinkommen – die Zeit ist reif, 1. Auflage der überarbeiteten, aktualisierten und erweiterten Neuausgabe, Köln.

Werner, Götz W./Weik Matthias/Friedrich, Marc (2017): Sonst knallt's! Warum wir Wirtschaft und Politik radikal neu denken müssen, Köln.

Wolf, Jürgen (1991): Sozialstaat und Grundsicherung, in: Leviathan, Nr. 3, S. 386–410.

Wolter, Marc Ingo/Mönnig, Anke/Hummel, Markus/Weber, Enzo/Zika, Gerd/Helmrich, Robert/Maier, Tobias/Neuber-Pohl, Caroline (2016): Wirtschaft 4.0 und die Folgen für Arbeitsmarkt und Ökonomie, IAB Forschungsbericht 13/2016.

Anmerkungen

1 Vgl. Adriaans u.a. (2019).
2 Vgl. ebd. (S. 269).
3 Allerdings wurde auch schon in den 1980er Jahren in Deutschland intensiver über ein bedingungsloses Grundeinkommen debattiert, vgl. Wolf (1991) und Blaschke (2012a, S. 20ff.).
4 Vanderborght/Van Parijs (2005, S. 37). Beide Autoren liefern auch eine historisch angelegte Einführung in das Bedingungslose Grundeinkommen.
5 Die aktuellen Modelle werden vorgestellt in Blaschke (2012b). Eine brauchbare Systematisierung liefert Wagner (2009).
6 Die Forderung nach einem liberalen Bürgergeld war Gegenstand des FDP-Wahlprogramms zur letzten Bundestagswahl, vgl. https://www.fdp.de/wp-modul/btw17-wp-a-75. Vgl. auch die Position der Jungen Liberalen zum Bürgergeld: https://www.julis.de/bundestagswahl/unsere-argumente/liberales-buergergeld/
7 Bundesarbeitsgemeinschaft Grundeinkommen in und bei der Partei DIE LINKE (2016).
8 Ebd. (S. 26).
9 Ebd.
10 Vgl. https://gruenes-grundeinkommen.de/
11 https://gruenes-grundeinkommen.de/das-grune-netzwerk-grundeinkommen/
12 Ebd.

13 Vgl. https://gruenes-grundeinkommen.de/2019/unser-positionspapier-zum-gruenen-grundsatzprogramm/

14 Ebd. (S. 1).

15 Ebd. (S. 2).

16 Vgl. https://www.gjh.de/frog/wp-content/uploads/Bedingungsloses-Grundeinkommen-Konzept-der-Gr%C3%BCnen-Jugend-Hessen.pdf

17 Vgl. https://www.grundeinkommen-attac.de/fileadmin/user_upload/AGs/AG_Genug_fuer_Alle/Grundeinkommen/Position_gfa_GE2019druck.pdf

18 Vgl. Althaus (2007).

19 Vgl. Althaus/Binkert (2017).

20 Vgl. Straubhaar (2017 und 2018).

21 Vgl. z.B. Hohenleitner/Straubhaar (2008).

22 Straubhaar (2018, S. 21) knüpft dabei explizit an Milton Friedmans Vorschlag aus den 1960er Jahren an (vgl. Friedman 2011, S. 228 ff.).

23 Straubhaar (2017, S. 121 und 2018, S. 21).

24 Straubhaar (2018, S. 20).

25 Werner (2018, S. 66, Hervorhebung im Original).

26 Ebd. (S. 164).

27 Vgl. Werner u.a. (2017, S. 104) und Werner (2018, S. 168).

28 Vgl. Werner u.a. (2017, S. 107 f.) und Werner (2018, S. 168).

29 Werner (2018, S. 166). Ähnlich formulierten dies bereits Werner u.a. ein Jahr zuvor: »Zunächst aber müssen möglichst viele Menschen verstehen, dass das Thema BGE im Kern kein Rechenproblem, sondern ein Denkproblem ist.« Werner u.a. (2017, S. 108).

30 Werner (2018, S. 153).

31 Ebd. (S. 128).

32 Vgl. Werner u.a. (2017, S. 109 ff.) und Werner (2018, S. 170 ff.).

33 Vgl z.B. Beck (2007) und Werner (2007); siehe ferner Adamo (2012), Franzmann (2010) und Schildt (2010).

34 Vgl. Rifkin (2011).

35 Vgl. Straubhaar (2017, S. 51 ff.), Werner u.a. (2017, S. 24 ff.) und Precht (2018). Und auch der von Rätz u.a. (2019) herausgegebene Sammelband nimmt schon im Titel *Digitalisierung? Grundeinkommen!* – und dem titelgebenden »Frankfurter Manifest« – diese Argumentationsfigur auf.

36 Vgl. Brynjolfsson/McAfee (2015, S. 203).

37 Vgl. ebd. (S. 280 ff.).

38 Vgl. Ford (2016, S. 307 ff.).

39 Vgl. Bonin u.a. (2015).

40 Vgl. Dengler/Matthes (2015).

41 Vgl. Dengler/Matthes (2018). Interessant ist in diesem Zusammenhang, dass Dengler/Matthes das geringste Substituierbarkeitspotenzial bei den personenbezogenen Dienstleistungen sehen – »soziale und kulturelle Dienstleistungsberufe« sind demnach so gut wie unersetzbar. Auch »medizinische und nichtmedizinische Gesundheitsberufe« sind kaum durch Computertechniken zu ersetzen.

42 Vgl. Wolter u.a. (2016).

43 Die folgenden Ausführungen beruhen zum Teil auf Eicker-Wolf/Reiner (1998, S. 183 ff.).

44 In diesem Kontext löste im Jahr 1984 das Erscheinen der beiden Bücher *Das Ende der Arbeitsteilung?* von Horst Kern und Michael Schumann (Kern/Schumann 1990) und *Das Ende der Massenproduktion* von Michael J. Piore und Charles P. Sabel (Piore/Sabel 1989) in der industriesoziologischen Forschung eine langanhaltende Diskussion aus, die auch in angrenzende Disziplinen wie den Politik- und Wirtschaftswissenschaften auf großes Interesse stieß. Beide Autorenpaare hatten mit ihren Theoremen der »neuen Produktionskonzepte« bzw. der »flexiblen Spezialisierung« Begriffe geprägt, die zumindest als Option das Ende der tayloristischen Arbeitsteilung zur Produktion von Massenprodukten vor Augen hatten. Kern und Schumann gingen dabei aufgrund von rationalisierungsbedingten Freisetzungseffekten von einer steigenden Arbeitslosenzahl aus (Kern/Schumann 1990, S. 17).

45 Vgl. z.B. Werner (2007, S. 25f.).

46 Vgl. z.B. Franzmann (2010).

47 Zur Entwicklung des Arbeitsvolumens in Deutschland seit 1882 vgl. Schildt (2010).

48 Bei der Arbeitsproduktivität ist zwischen der Erwerbstätigen- und der Stundenproduktivität zu unterscheiden: Während die erste Kennzahl den realen (preisbereinigten) Wert der produzierten Güter und Dienstleistungen – also das reale Bruttoinlandsprodukt – durch die Zahl der Erwerbstätigen teilt, bezieht die Stundenproduktivität das Bruttoinlandsprodukt auf die in einem Jahr geleisteten Arbeitsstunden. Hier wird die Stundenproduktivität betrachtet, da diese Größe aussagekräftiger als die Erwerbstätigenproduktivität ist, da letztere alleine schon aufgrund von Veränderungen der je Beschäftigten geleisteten Arbeitszeit schwanken kann.

49 Zu Deutschland vgl. auch Brenke (2019).

50 Einen guten Überblick über die seit der Industriellen Revolution mit dem technologischen Wandel verbundenen Befürchtungen liefern Mokyr u.a. (2015).

51 Bundesarbeitsgemeinschaft Grundeinkommen in und bei der Partei DIE LINKE (2016, S. 23).

52 Werner (2018, S. 104 f.).

53 Vgl. zu diesem Zusammenhang ausführlich Horn u.a. (2014), Schmid/Spannagel (2015) und Schmid u.a. (2015). Konkret sind in diesen Publikationen auch Befunde zum Einfluss der Kapitaleinkommen auf die Ungleichverteilung der Einkommen der privaten Haushalte im deutschen Konjunkturverlauf in den Jahren 2000 bis 2010 zu finden.

54 Vgl. zur Illustration die aufschlussreichen Modellrechnungen von Behringer u.a. (2014); vgl. auch van Treeck (2015).

55 Piketty (2014, S. 574).

56 Vgl. dazu und speziell zur Lohnentwicklung Schreiner (2017).

57 Vgl. Grabka/Schröder (2018 und 2019).

58 Vgl. Kalina/Weinkopf (2018); siehe auch Grabka/Schröder (2019).

59 Vgl. Bosch/Kalina (2017a, 2017b und 2017c), Schreiner (2017).

60 Dies ist u.a. mit entsprechenden Zitaten unter dem Stichwort *Agenda 2010* bei WIKIPEDIA nachzulesen (https://de.wikipedia.org/wiki/Agenda_2010).

61 Vgl. dazu Hegelich u.a. (2011).

62 Bei den Lohnnebenkosten handelt es sich um die indirekten Arbeitskosten, hierzu gehören zum Beispiel die Sozialbeiträge der Arbeitgeber_innen und die Kosten für die berufliche Aus- und Weiterbildung.

63 Vgl. zum folgenden Bartels (2018).

64 Vgl. Grabka u.a. (2019).

65 Vgl. z.B. Bäcker (2017), Spannagel (2015), Spannagel/Tiefensee (2017) und Spannagel/Molitor (2019). Vgl. auch Grabka u.a. (2016), die für Deutschland einen Rückgang der mittleren Einkommen (Gesamteinkommen vor Steuern und Sozialabgaben im Bereich von 67 bis 200 Prozent des Medians) von 66 auf 61 Prozent im Zeitraum 1991 bis 2013 errechnen. Einen ähnlichen Trend machen Bosch/Kalina (2017a, 2017b und 2017c) aus.

66 Vgl. Spannagel (2017 und 2018).

67 Vgl. Bach u.a. (2018).

68 So Stefan Bach in einem Interview Ende Januar 2018 (http://www.spiegel.de/wirtschaft/soziales/vermoegen-der-superreichen-das-verhoehnt-die-chancengleichheit-a-1189919.html).

69 Vgl. Straubhaar (2017, S. 35ff.).

70 Ebd. (S. 49f.).

71 Hierauf hat schon vor über 15 Jahren der Statistiker Gerd Bosbach hingewiesen, vgl. Bosbach (2004).

72 Straubhaar (2017, S. 49). Weitere Maßnahmen, die Straubhaar in diesem Kontext diskutiert, sind zum einen die private Vorsorge (Kapitaldeckung) – wobei er hier auf die desaströse Wirkung der »Nullzinswelt« verweist. Zum anderen nennt er als Möglichkeiten zur Abmilderung des demografischen Wandels die Verlängerung der Lebensarbeitszeit und die Zuwanderung. Beide Punkte sind aber nach seiner Ansicht nicht geeignet, um das von ihm ausgemachte Problem zu lösen. Alle wesentlichen Einwände gegen das Demografie-Argument sind bereits vor über zehn Jahren ausführlich diskutiert worden, vgl. z.B. Fischer (2006).

73 »In der Vergangenheit gemessene Werte auf die Einführung eines bedingungslosen Grundeinkommens zu übertragen, ist jedoch problematisch. Denn diese Werte wurden für tatsächlich arbeitende Menschen in den letzten Jahrzehnten ermittelt. Sie beziehen sich somit auf Einkommens-

und Lohnänderungen innerhalb des bisher Üblichen. Dagegen wäre ein Grundeinkommen eine Leistung, die die bisher vorhandenen Strukturen sprengen würde. Eine einfache Fortschreibung bisheriger Verhaltensmuster auf diesen Fall ist problematisch. Dazu gehört, dass das bedingungslose Grundeinkommen nicht nur die Höhe von Abgaben und das Mindestsicherungsniveau verändern würde. Ein bedingungsloses Grundeinkommen würde die Aufhebung der Arbeitspflicht und die Abschaffung der Kontrollen von Sozialleistungsempfängern beinhalten. Dies sind qualitative Aspekte, die in den rein quantitativen Studien kaum erfasst werden können.« (Kumpmann 2010, S. 384).

74 Vgl. Straubhaar (2017, S. 157).

75 Ebd. (S. 166).

76 Ebd. (S. 169).

77 Werner (2018, S. 106).

78 Ebd. (S. 159).

79 Ebd. (S. 160).

80 Hierfür ist allerdings eine Änderung des entsprechenden Verfahrens notwendig, da die Arbeitgeberverbände in Deutschland aufgrund der Stimmverhältnisse in den Tarifausschüssen aktuell eine Blockadepolitik betreiben: Trotz der im Jahr 2014 durch das Tarifautonomiestärkungsgesetz erfolgten Änderungen, die auf eine Erhöhung der Zahl von allgemeinverbindlich erklärten Tarifverträgen abzielten, ist keine Steigerung von Allgemeinverbindlicherklärungen festzustellen.

81 Vgl. z.B. Opielka (2008, S. 165 ff.), Franzmann (2010, S. 59). Ganz explizit nennt z.B. die *Grüne Jugend Hessen* die Aufwertung von nicht erwerbsmäßig verrichteter Haus- und Pflegearbeit als Motiv für ihren BGE-Vorschlag (vgl. die entsprechenden Ausführungen in Kapitel 2).

82 Vgl. zum Folgenden Eicker-Wolf (2017, S. 75 ff.).

83 Die Bertelsmann-Stiftung geht davon aus, dass bei steigendem Bedarf etwa durch den Ausbau von Ganztagsschulen für eine qualitativ angemessene Ausstattung in Deutschland gut 100.000 Erzieher_innen zusätzlich erforderlich sind.

84 Vgl. dazu z.B. die aktuellen Veröffentlichungen von Klemm (2019) und Klemm/Zorn (2019).

85 Vgl. dazu ausführlich Eicker-Wolf (2017, S. 78 ff.).

86 Vgl. Eicker-Wolf/Müller (2018).

87 Vgl. Opielka/Strengmann-Kuhn (2007).

88 Vgl. Fuest u.a. (2007), Bonin/Schneider (2007), Sachverständigenrat zur Begutachtung der gesamtwirtschaftlichen Entwicklung 2007 (S. 222ff.).

89 Vgl. Althaus/Binkert, (2017). Diese Berechnungen von Althaus/Binkert knüpfen an Zahlen für das Jahr 2016 an.

90 Dieses Argument richtet sich auch gegen das Modell von Thomas Straubhaar, der ebenfalls für eine *Flat-Tax* plädiert. Straubhaar vermeidet allerdings jede genaue Festlegung des Steuersatzes.

91 Vgl. Krämer (2018) und Bäcker (2017 und 2018).

92 Vgl. Bundesministerium für Arbeit und Soziales (2019, S. 19).

93 Berufsständische Versorgungswerke beruhen auf der gesetzlichen Pflichtmitgliedschaft und sichern die Altersversorgung kammerfähiger freier Berufe (z.B. Ärzte, Apotheker, Architekten etc.).

94 Ralf Krämer hat sich sehr detailliert mit dem BGE-Modell der BAG Grundeinkommen auseinandergesetzt. Danach sind die tatsächlich notwendigen Abgabenbelastungen erheblich höher als in dem Konzept unterstellt (vgl. Krämer 2017).

95 Vgl. z.B. Precht (2018, S. 41).

96 Vgl. Bundesministerium der Finanzen (2017, S. 23).

97 Vgl. Schäfer (2015).

98 Z.B. Werner (2018. S. 163).

99 Precht (2018, S. 39).

100 Vgl. https://wipo.verdi.de/++file++53a837f26f68443eda00244e/ download/ver_di_igm_attac-steuerkonzept_2__fassung.pdf

101 GEW (2016).

102 Auch durch eine Internetrecherche mit den entsprechenden Stichworten konnte hierzu nichts gefunden werden.

103 Werner u.a. (2017, S. 36).

104 Werner (2018, S. 285).

105 Ebd. (S. 279).

106 Ebd. (S. 263).
107 Vgl. Ebd. (S. 258).
108 Ebd. (S. 256).
109 So auch die empirischen Befunde für Deutschland im Zeitraum 1998 bis 2015, vgl. Bach u.a. (2016a und 2016b).
110 Vgl. dazu und zum folgenden Werner u.a. (2017, S. 71f.) und Werner (2018, S. 251f.).
111 So die empirischen Befunde von Elsässer u.a. (2017).

Nachwort: Warum das BGE nicht fortschrittlich ist – einige polit-ökonomische Überlegungen

Von Patrick Schreiner[1*]
Patrick Schreiner ist Politikwissenschaftler.
Er lebt und arbeitet als hauptamtlicher Gewerkschafter
in Bielefeld und Berlin.

Seit einigen Jahrzehnten greift ein Zeitgeist um sich, den wir als »Neoliberalismus« zu bezeichnen gelernt haben: Er propagiert den Glauben an den Markt. Er findet soziale Ungleichheit gut und gerecht. Er hält soziale Unsicherheit für eine Motivationspeitsche. Er feiert die Eigenverantwortung des Individuums. Die jüngst wieder verstärkte Diskussion um ein Bedingungsloses Grundeinkommen (BGE) ist ohne diesen neoliberalen Zeitgeist kaum zu erklären. Oder in den Worten des Soziologen Daniel Zamora: »Immer wenn sich die Politik nach rechts bewegt und die sozialen Bewegungen in die Defensive zwingt, gewinnt das BGE an Boden.«[2*]

Verwundern kann das nicht. Das Leben im neoliberalen Kapitalismus ist von grundlegender Unsicherheit geprägt. Anerkennung, soziokulturelle Teilhabe und oft genug die nackte biologische Existenz hängen vom »Erfolg« an Märkten ab. Kapitalistische Konkurrenz ist Grundkonstante des Lebens: Konkurrenz zwischen Menschen, zwischen Teams, zwischen Betrieben, zwischen Unternehmen, zwischen Regionen, zwischen Ländern... Nicht Engagement für Gemeinnutz und gleiche Rechte, sondern der Einsatz des Ellbogens ist dann gefragt. Wenig überraschend ist die Zustimmung zum BGE gerade unter jenen besonders verbreitet, die die Ellbogen am stärksten spüren – etwa bei Erwerbslosen und kleinen Selbstständigen.

Dass es überhaupt zu einer solchen Situation kommen konnte, war politisch gewünscht und politisch gemacht. Seit den 1980er Jahren hat man in Deutschland (und anderswo) Arbeitsmärkte flexibilisiert, den Bezug von Sozialleistungen verschärft, Produktmärkte und Dienstleistungen liberalisiert, ehemals öffentliche Betriebe und Aufgaben privatisiert. So hat die schwarz-gelbe Bundesregierung unter Helmut Kohl in den 1980er Jahren den Kündigungsschutz geschwächt und in den 1990er Jahren die Arbeitszeiten im Sinne der Arbeitgeber flexibilisiert. Nach Liberalisierungen und/oder Privatisierungen beispielsweise im Bereich der Industrie, der Bahn, des Post- und Fernmeldewesens, des Flugverkehrs und der Flughäfen, des Wohnungswesens, der Pflege und des Gesundheitswesens hielten Marktprinzipien in immer mehr Bereichen des Lebens Einzug. Die für Beschäftigte äußerst unsichere Leiharbeit wurde schon seit den späten 1960er Jahren zunehmend liberalisiert. Nach einem großen Schritt zu ihrer Entfesselung boomt sie seit den frühen 2000er Jahren. Die rot-grüne Bundesregierung unter Gerhard Schröder war diesen vorerst letzten Schritt gegangen – und nicht nur diesen: SPD und Grüne lockerten einmal mehr den Kündigungsschutz, schwächten das Tarifvertragssystem, liberalisierten weitere Märkte und sahen zu, wie Arbeitgeber ihre Beschäftigten durch immer findigere Auslagerungs- und Aufspaltungsstrategien unter Druck setzten. Vor allem aber senkten sie Sozialleistungen in großem Stil, so bei der Rente und bei der Absicherung von Erwerbslosen. Letztere setzten sie im Rahmen von »Hartz IV« zudem unter massiven Druck, auch schlecht bezahlte und ausbeuterische Arbeit anzunehmen.

Das Bedingungslose Grundeinkommen erscheint attraktiv, weil es einen Ausweg aus dieser Situation verspricht. Alle Mitglieder einer Gesellschaft sollen durch regelmäßige Geldzahlungen finanziell versorgt werden, wobei weder Erwerbsarbeit noch individuelle Bedürftigkeit dafür Voraussetzung wären. Dies würde es ermöglichen (so die Hoffnung sozialutopischer BGE-Konzeptionen), sich dem kapitalistischen Hamsterrad zu entziehen; ehrenamtliche Arbeit würde endlich anerkannt; niemand müsste mehr schlecht bezahlte Arbeit annehmen; dem

Konkurrenzprinzip würde mindestens die Spitze genommen. Anhängerinnen und Anhänger eines neoliberalen, niedrigen BGE hingegen hoffen auf die Abschaffung oder zumindest Schwächung von Sozialstaat, Arbeitsmarktregulierung und Tarifverträgen.

Insbesondere die sozialutopischen Vorstellungen sind gleichwohl illusionär: Ein solches BGE kann ökonomisch nicht funktionieren, wie Kai Eicker-Wolf hier ausführlich darlegt. Es basiert aber auch gesellschaftspolitisch auf recht fragwürdigen Annahmen und realitätsfernen Sehnsüchten.

Privilegien für alle?

Im Kapitalismus genießt eine Minderheit das Privileg, sich der Konkurrenz nur sehr eingeschränkt oder gar nicht aussetzen zu müssen. Und eine Minderheit – größtenteils deckungsgleich – verfügt über Kapitalbesitz (sowie Reichtum generell) in einem Maße, das sie weitgehend von der Gefahr befreit, ganz nach unten zu fallen. Die betreffenden Menschen mögen individuelle Unsicherheit verspüren; objektiv gesehen befinden sie sich in einer sehr viel komfortableren Lage als die große Mehrheit der Bevölkerung. Diese privilegierte Position wird durch zahlreiche politische und rechtliche Vorkehrungen gefestigt: So unterliegen große Vermögen keiner Begrenzung und – wenn überhaupt – nur einer niedrigen steuerlichen Belastung; sehr grundsätzlich werden sie vom Recht auf Eigentum geschützt. Sie können leistungslos geerbt werden und unterliegen auch in diesem Fall bloß einer geringen Besteuerung; in Deutschland gilt dies für Betriebsvermögen in besonderem Maße.[3*] Das unternehmerische Risiko wird durch zahlreiche rechtliche Vorkehrungen begrenzt, etwa durch die Beschränkung der Haftung bei bestimmten privaten Rechtsformen. Auch für Schäden, die durch Produkte entstehen, müssen Unternehmen nur so weit haften, wie sie gegen bestehendes Recht verstoßen oder den Stand von Wissenschaft und Technik missachten.[4*] Und nicht zuletzt dient auch das kapitalistische Arbeitsverhältnis dazu, unternehmerische Risiken auf abhängig Beschäftigte abzuwälzen: Gerät ein Unternehmen in Schwierigkeiten, folgen Entlassungen – zuerst (wenn vorhanden) der Leiharbeiter_innen, dann der Stammbelegschaft.

Eine besondere materielle und rechtliche Sicherheit ist aber nicht das einzige Privileg dieser Minderheit. Hinzu kommt vielmehr ein weiteres: Das der Nichtarbeit. Das Eigentum an einem großem Vermögen bzw. Kapital ermöglicht ein Leben ohne jegliche Erwerbsarbeit. (Ob diese Möglichkeit auch tatsächlich genutzt wird, ist eine andere Frage.)

Hinter dem BGE steckt die Vorstellung, diese Privilegien auf alle Menschen übertragen zu können. Ein staatlich garantiertes, aus Steuern finanziertes und nicht an weitere Bedingungen geknüpftes Einkommen soll eine sorgen- und risikofreie Existenz sicherstellen – einschließlich der Möglichkeit, sich der Erwerbsarbeit zu entziehen.[5*]

Solche Ideen sind aus mehreren Gründen naiv und geschichtsvergessen: Naiv unter anderem, weil Nichtarbeit zwar für einzelne Menschen, nicht aber für eine Gesellschaft als ganze möglich ist. Leben bedeutet immer die Notwendigkeit, Natur zu verändern und sie sich anzueignen. Wir müssen beispielsweise essen, uns kleiden, uns fortbewegen und mit anderen Menschen in Interaktion treten. Eine Gesellschaft, in der Menschen entsprechend Gegenstände und Dienstleistungen konsumieren möchten, muss diese Gegenstände und Dienstleistungen auch produzieren.[6*]

Naiv sind solche Ideen aber auch, weil sie die realen Machtverhältnisse in einer kapitalistischen, insbesondere neoliberalen Gesellschaft ausblenden. Und geschichtsvergessen sind sie, weil sie sozialstaatliche und beschäftigungspolitische Errungenschaften gefährden, die die Arbeiterbewegung seit dem 19. Jahrhundert hart erkämpfen musste, um mit ebenjenen Machtverhältnissen umzugehen. Dies beginnt schon damit, dass mit dem BGE dem Staat die Zuständigkeit für das Grundeinkommen übertragen werden soll.[7*] Damit soll ausgerechnet jene Institution den massenhaften Ausstieg aus der kapitalistischen Konkurrenz gewährleisten, die diese Konkurrenz organisiert und die sie in den letzten Jahrzehnten durch Sozialabbau, Deregulierung und Liberalisierung genauso angeheizt hat wie die Umverteilung von unten nach oben. Was die politisch Handelnden im Übrigen nicht (nur) aus Überzeugung getan haben, sondern auch und vor allem aufgrund der aktuellen Kräfteverhältnisse:[8*] Politische Macht ist ungleich verteilt und eng mit ökonomischer Macht verknüpft. Die Besitzenden haben nichts zu verschenken, weder Macht und Einfluss noch Geld. Sie werden an ihren Privilegien nicht rütteln lassen, BGE hin oder her.

Das bedeutet gleichwohl nicht, dass politische und soziale Errungenschaften im Kapitalismus nicht durchzusetzen wären. Und selbstverständlich spielen dabei auch Staat und politische Macht eine zentrale Rolle. Fortschrittliche Veränderungen setzen aber klare Vorstellungen von Interessen, Interessengegensätzen und gesellschaftlichen Antagonismen voraus. Nicht abstraktes Argumentieren und Träumen, sondern die Organisation von Gegenmacht ist gefragt. Selbst »Sozialpartnerschaft« und Konsensorientierung etwa von Gewerkschaften und mancher Partei links der Mitte setzen voraus, sein Gegenüber als jemanden mit grundlegend abweichenden, ja oft genug gegensätzlichen Interessen zu verstehen.[9*] Für Konfliktorientierung gilt dies umso mehr. Befürworter_innen eines sozialutopischen BGE geht eine solche Auffassung allerdings mindestens in der politischen Praxis, wenn nicht im politischen Denken ab. Dafür spricht insbesondere die Nähe, die viele von ihnen immer wieder zu den neoliberalen, unsozialen Befürwortern eines BGE suchen. Dafür spricht aber auch, dass sie über verbalradikale Forderungen nach einer höheren Besteuerung etwa von Erbschaften und Vermögen zur Finanzierung eines BGE in der Regel nicht hinauskommen (verbunden mit unrealistischen Vorstellungen hinsichtlich der dadurch erzielbaren Mehreinnahmen.)[10*]

Hinzu kommt: Wo ein angeblich »fairer« Wettbewerb mit »gleichen« Wettbewerbsbedingungen und »Chancengleichheit« herrscht, gibt es keinen Grund mehr, diesen zurückzudrängen. Ein BGE würde daher den Markt nicht einschränken, sondern ausweiten. Menschen würden nicht mehr vorrangig als Bürger_innen mit Rechten, sondern als Marktteilnehmer_innen mit Einkommen angerufen – und zwar als formal Gleiche. An diesem Punkt herrscht zwischen sozialutopischen und neoliberalen BGE-Befürwortern weitgehende Einigkeit.[11*] Damit würde nach und nach die vermeintliche Freiheit des Marktes und des Menschen am Markt zur Leitidee; fixe Vorstellungen von »Selbstverantwortung« und »Leistung« mit eingeschlossen. Marktzwänge gewönnen an Boden. Die linke Einsicht in die Notwendigkeit, den Markt durch soziale Rechte, durch Sozialstaatlichkeit und durch öffentliche Dienstleistungen einzuschränken, geriete dagegen ins Hintertreffen. Solidarische, an individuellen Bedarfen und Möglichkeiten orientierte Ausgleichsmechanismen verlören an Bedeutung. Darunter hätten insbesondere jene Menschen zu leiden, die etwa aufgrund von Krankheit, Behinderung oder Herkunft spezifische Mehrbedarfe oder Konkurrenznachteile haben. Die gleiche Behandlung von Ungleichen würde im Ergebnis die soziale Ungleichheit nicht reduzieren, sondern verschärfen.

Das Bedingungslose Grundeinkommen dürfte sich zudem, anders als die Sozialutopisten hoffen, finanziell auf niedrigstem Niveau einpendeln. Schließlich sind die umzuverteilenden Gelder schon bei einem kleinen BGE enorm. Und selbst ein (unwahrscheinliches) höheres BGE bildete einen soziokulturell bestimmten, untersten Rand der Einkommenshierarchie. In beiden Fällen wäre Nicht-Erwerbsarbeit nur für wenige Menschen eine echte Alternative.[12*] Zugleich würde die Belastung von Erwerbseinkommen zur Finanzierung des BGE schon alleine aufgrund seiner Kosten sehr hoch ausfallen, deutlich höher als heute.[13*] In einer solchen Situation ist es unwahrscheinlich, dass sich – wie von sozialutopischen BGE-Befürworter_innen erhofft – Werte wie Solidarität und Gleichheit aufrechterhalten lassen oder diese gar an Bedeutung gewinnen. Ganz im Gegenteil: Mit Blick auf die eigene, gestiegene Steuerbelastung dürften Vorurteile und Hass gegenüber den (angeblich) »Faulen« zunehmen, die (angeblich) auf Kosten anderer leben.

Nicht zuletzt gerieten auch die Löhne unter Druck. Denn die Existenz abhängig Beschäftigter wäre ja staatlich durch das BGE gesichert –

wenn auch auf niedrigem Niveau. Dies müssten Lohneinkommen also nicht mehr leisten, was die Position der Arbeitgeber_innen stärkt.[14*] Zugleich würden angesichts der generellen Stärkung von Marktprinzipien jene Institutionen am Arbeitsmarkt geschwächt, die heute die Löhne noch stabilisieren und sie den Marktzwängen zumindest halbwegs entziehen. Hier ist insbesondere auf das Tarifvertragssystem zu verweisen.

Der häufig zu hörende Vorwurf von BGE-Befürworter_innen, Gewerkschaften seien BGE-kritisch, weil sie um die eigene Machtposition fürchteten, geht an dieser Stelle übrigens doppelt fehl: Erstens, weil die BGE-Idee zum Glück weit davon entfernt ist, tatsächlich umgesetzt zu werden. Zweitens, weil sich die kritische Haltung der Gewerkschaften schlicht aus einem realistischeren Blick auf kapitalistische Gesellschaften und Interessengegensätze speist. Die Zuständigkeit für einen großen Teil der Masseneinkommen auf den Staat zu übertragen, verstehen sie zu Recht als eine gefährliche Schwächung der Macht abhängig Beschäftigter.

Das BGE: unrealistisch und unsozial – aber es gibt sinnvolle Alternativen

Ein Bedingungsloses Grundeinkommen, so wohlklingend die Idee auf den ersten Blick erscheinen mag, entpuppt sich vor diesem Hintergrund als unrealistisch und unsozial. Unrealistisch ist es, weil seine Finanzierung eine Umverteilung in einem Maße verlangt, das gesellschaftlich nicht akzeptiert werden würde. Es wären zudem horrende Folgen zu erwarten: Sei es, dass das Arbeitsangebot drastisch zurückgeht, oder sei es, dass Schwarzarbeit massiv zunimmt (was im Übrigen eine repressive und teure Überwachungsbürokratie erforderlich machte) – in jedem Fall würde ein solches Anpassungsverhalten die Akzeptanz und die Finanzierbarkeit eines BGE zumindest mittelfristig untergraben. Von der bereits erwähnten Verachtung gegenüber Nicht-Erwerbstätigen ganz zu schweigen.

Dies dürfte ein Grund dafür sein, dass sich insbesondere linke BGE-Befürworter_innen in der Regel lieber frommen Wünschen hingeben, als tatsächlich mögliche Finanzierungsmodelle und ihre ökonomischen Konsequenzen bis ins Detail einmal zu durchdenken. Genau das aber müsste der erste Schritt sein, hängt das Ausmaß der sozialen (Un-)Gerechtigkeit eines BGE und dessen Umverteilungswirkung doch sehr viel stärker von seiner Finanzierung als von seiner Höhe und Ausgestaltung ab.[15*] Beliebt ist etwa das »Argument«, man solle sich zunächst die Vorteile eines BGE umfassend klarmachen – die Finanzierungsfrage könne man dann schon irgendwie lösen, wenn man nur wolle. Frei nach dem Motto: Es kann ökonomisch nicht sein, was sozialutopisch nicht sein darf.

Unsozial ist ein Bedingungsloses Grundeinkommen, weil es als Vehikel zur Durchsetzung von Marktprinzipien und für weiteren Sozialabbau genutzt werden kann und – nicht nur angesichts der gegebenen Kräfteverhältnisse – auch genutzt würde. Es würde jene Institutionen schwächen, die einst zur Einschränkung des Marktes und damit zum Schutz vor den Exzessen des Kapitals erkämpft und geschaffen wurden. So geraten beispielsweise öffentliche Dienstleistungen, gesetzliche Renten- und Arbeitslosenversicherungen, Mindestlöhne, Tarifverträge und Vorkehrungen zum Kündigungsschutz rasch unter Rechtfertigungsdruck. Und das, obwohl (oder weil?) sie bedeutend mehr gewährleisten als die nackte menschliche Existenz. Es kann vor diesem Hintergrund nicht überraschen, dass sich nicht wenige gestandene Neoliberale und Unternehmer_innen für ein Bedingungsloses Grundeinkommen begeistern.

Letztlich kann sich eine Gesellschaft nicht als ganze von der Arbeit befreien. Die Nichtarbeit Weniger basiert immer auf der Ausbeutung Vieler – was erkennbar nicht auf eine gesamte Gesellschaft übertragbar ist.[16*] Und zumindest kapitalistische Gesellschaften sind stets Konkurrenzgesellschaften. Davon freimachen kann sich immer nur eine kleine Minderheit, die dies nach Kräften auch tut. Dagegen helfen nicht BGE-Träumereien, sondern die kollektive Organisation der eigenen

Interessen. Es gilt, die Privilegien der Wenigen zu bekämpfen, statt sich der individualistischen Illusion einer Privilegierung Aller hinzugeben. Es gilt, dem Kapital Grenzen zu setzen. Und es gilt, mit einem gut ausgebauten Sozialstaat die Menschen in allen Lebenslagen und gegen alle Gefahren abzusichern, ohne sie zu schikanieren. Dafür braucht es keine BGE-Zahlungen an jene, die sowieso schon genug haben – sondern es braucht die gezielte, umfassende, bedarfsorientierte und menschenwürdige Unterstützung derer, die tatsächlich und substantiell darauf angewiesen sind.

Literaturangaben Nachwort

Bossart, Rolf (2019): Ängste ernst nehmen. Das politische Urteil in konkurrenzgetriebenen Gesellschaften. In: Widerspruch 73, S. 141–149.

Elsässer, Lea/ Hense, Svenja/ Schäfer, Armin (2016): Systematisch verzerrte Entscheidungen? Die Responsivität der deutschen Politik von 1998 bis 2015. Osnabrück.

Krämer, Ralf (2014): Bedingungsloses Grundeinkommen – Risiken und Nebenwirkungen. In: Sozialismus 12 (2014), S. 39–42.

Kreutz, Daniel (2018): Eine gefährliche Illusion. In: Butterwegge, Christoph/Rinke, Kuno (Hg.): Grundeinkommen kontrovers. Plädoyers für und gegen ein neues Sozialmodell. Weinheim/Basel, S. 150–164.

Schreiner, Patrick (2014): Von Leistung und Gegenleistung, oder: Oppermann und das unternehmerische Risiko (https://www.nachdenkseiten.de/?p=23393).

ver.di Wirtschaftspolitik (2017): Bedingungsloses Grundeinkommen. Risiken und Nebenwirkungen einer wohlklingenden Idee, in: Wirtschaftspolitische Informationen 4 (2017).

Wendl, Michael (2019): Geldautomaten-Kapitalismus? Das bedingungslose Grundeinkommen – ein illusorischer Ladenhüter (https://www.blickpunkt-wiso.de/post/geldautomaten-kapitalismus-das-bedingungslose-grundeinkommen-ein-illusorischer-ladenhueter--2331.html).

Zamora, Daniel (2018): Argumente gegen das Bedingungslose Grundeinkommen (https://www.blickpunkt-wiso.de/post/argumente-gegen-das-bedingungslose-grundeinkommen--2169.html).

Anmerkungen Nachwort

1* Für zahlreiche gute Anregungen und Anmerkungen danke ich Kai Eicker-Wolf, Ralf Krämer und Michael Wendl.

2* Zamora (2018).

3* Vgl. Bossart (2019)

4* Vgl. Schreiner (2014).

5* Vgl. Wendl (2019), ver.di Wirtschaftspolitik (2017) und Kreutz (2018).

6* Das Argument, beim BGE gehe es nicht um die Abschaffung von Tätigkeit als solcher, sondern nur um die Abschaffung von nicht als sinnstiftend empfundener Lohnarbeit, überzeugt nicht. Denn nicht alle Tätigkeiten, die gesellschaftlich nachgefragt und notwendig sind, empfinden Menschen auch individuell als sinnstiftend. So mag es für Viele sinnstiftender und befriedigender sein, ausdrucksstark zu tanzen als Brötchen zu backen. Allerdings ist der gesellschaftliche Bedarf an Brot und Brötchen weitaus größer als der an Tanzvorführungen. Nicht die Abschaffung produktiver, bedarfsorientierter Arbeit, sondern deren menschenwürdige Ausgestaltung muss daher das Ziel sein.

7* Tatsächlich reicht der Auftrag an den Staat sogar noch weit über ein Bedingungsloses Grundeinkommen hinaus, führt man sich vor Augen, dass zu dessen Finanzierung die Steuern auf Erwerbseinkommen sehr deutlich angehoben werden müssten, wie Kai Eicker-Wolf zeigt. Vgl. auch ver.di Wirtschaftspolitik (2017), Wendl (2019).

8* Vgl. Elsässer/Hense/Schäfer (2016).

9* Eine kapitalistische Gesellschaft ist generell gespalten in Kapitalbesitzende und -nichtbesitzende. Gegensätze wie etwa der zwischen »Reich« und »Arm« sind lediglich eine Folge dessen. Im Denken und in der politischen (Organisations-)Praxis der BGE-Befürworter_innen spielt dies in der Regel gleichwohl keine Rolle.

10* Wendl (2019).
11* Vgl. Zamora (2018).
12* Vgl. Kreutz (2018).
13* Vgl. ver.di Wirtschaftspolitik (2017), Wendl (2019) und Zamora (2018).
14* Das BGE hätte die Funktion eines Kombilohns; vgl. Krämer (2014), Kreutz (2018). Ein Mindestlohn würde dieses Problem allenfalls verringern, nicht aber lösen.
15* Vgl. Kreutz (2018).
16* Vgl. Krämer (2014). Daran ändert auch die Digitalisierung nichts, wie Kai Eicker-Wolf zeigt.

Glossar

Allgemeinverbindlicherklärung: Ein allgemeinverbindlich erklärter Tarifvertrag gilt für alle Arbeitsverhältnisse des betreffenden fachlichen und räumlichen Tarifbereichs. Es werden also auch Arbeitgeber_innen gebunden, die nicht Verbandsmitglieder sind. Die Allgemeinverbindlicherklärung eines Tarifvertrags, die vom Bundesarbeitsministerium oder – bei entsprechend eingeschränkter räumlicher Geltung – vom jeweils zuständigen Landesarbeitsministerium im Einvernehmen mit Gewerkschaften und Arbeitgebern in den Tarifausschüssen ausgesprochen wird, muss im öffentlichen Interesse liegen.

Arbeitsangebot: Das Arbeitsangebot spiegelt die Bereitschaft der Bevölkerung im arbeitsfähigen Alter wider, in Abhängigkeit von der Bezahlung die jeweilige Arbeitskraft anzubieten. Auf dem Arbeitsmarkt steht dem Arbeitsangebot die Arbeitsnachfrage der Unternehmen und der öffentlichen Hand gegenüber.

Arbeitskosten: Die Arbeitskosten umfassen neben den Lohnkosten sämtliche Sozialkosten wie die Arbeitgeberbeiträge und die Aufwendungen für die Lohnfortzahlung im Krankheitsfall.

Arbeitsproduktivität: Bei der Arbeitsproduktivität ist zwischen der Erwerbstätigen- und der Stundenproduktivität zu unterscheiden: Während die erste Kennzahl den realen (preisbereinigten) Wert der produzierten Güter und Dienstleistungen – also das reale (→)Bruttoinlandsprodukt –

durch die Zahl der Erwerbstätigen teilt, bezieht die Stundenproduktivität das Bruttoinlandsprodukt auf die in einem Jahr geleisteten Arbeitsstunden.

Arbeitsvolumen: Die insgesamt von allen Beschäftigten in einer Volkswirtschaft in einem Jahr geleisteten Arbeitsstunden.

Arbeitsvolumen pro Kopf: Das Arbeitsvolumen pro Kopf teilt das jährliche Arbeitsvolumen durch die Bevölkerungszahl. So wird berechnet, wie viel Zeit für die Versorgung einer Person im Durchschnitt gearbeitet werden muss.

Bruttoinlandsprodukt: Das Bruttoinlandsprodukt erfasst den Gesamtwert aller Waren und Dienstleistungen, die in einem Jahr in einer Volkswirtschaft erzeugt worden sind. Vorleistungen für die Produktion anderer Güter und Dienstleistungen werden abgezogen.

Bruttolohn: Der Bruttolohn ist der an abhängig Beschäftigte ausgezahlte Lohn vor Abzug von Lohnsteuern und Sozialbeiträgen. Der Abzug von Lohnsteuer und Sozialbeiträgen vom Bruttolohn führt zum Nettolohn.

Bruttonationaleinkommen: Das Bruttonationaleinkommen erfasst alle an Inländer geflossenen Einkommen aus Erwerbstätigkeit und Vermögensbesitz aus dem In- und Ausland.

Bürgerversicherung: Eine Bürgerversicherung zeichnet sich dadurch aus, dass den Beiträgen alle Einkunftsarten (Löhne, Gewinne, Einnahmen aus Mieten usw.) zugrunde liegen und alle Bürger_innen in die entsprechende Versicherung einzahlen. Allen Versicherten stehen dann die gleichen Leistungen zu. Bürgerversicherungsmodelle werden sowohl für die Kranken- und Pflegeversicherung als auch für die Rentenversicherung diskutiert.

Dezile: Durch Dezile (lateinisch »Zehntelwerte«) wird eine bestimmte Menge – z.B. die nach der Einkommenshöhe geordnete Bevölkerung eines Landes – in zehn gleich große Teile eingeteilt.

Digitalisierung: Unter Digitalisierung wird im ursprünglichen Sinne das Übertragen von analogen Informationen auf digitale Speichermedien verstanden. Hierdurch können die entsprechenden Informationen elektronisch verarbeitet werden. Seit einigen Jahren wird der Begriff allerdings auch in einer weiter gefassten Bedeutung – der umfangreichen Verwendung digitaler Technologien in allen möglichen wirtschaftlichen und alltäglichen Bereichen – verwendet.

Direkte Steuern: Direkte Steuern zeichnen sich idealtypisch dadurch aus, dass die zur Zahlung der Steuer verpflichtete Person auch tatsächlich mit der Steuer belastet wird. Zu den direkten Steuern werden die Steuern auf Einkommen und Vermögen gezählt – hier findet also keine (→)Steuerüberwälzung statt. Den direkten stehen die (→)indirekten Steuern gegenüber.

Faktorsubstitutionsthese: Der Name »Faktorsubstitutionsthese« leitet sich etwas vereinfacht dargestellt aus der Idee ab, dass vor allem die beiden Produktionsfaktoren Kapital (= Maschinen) und Arbeit in der Produktion zum Einsatz kommen. Unter Faktorsubstitution ist der Austausch eines Produktionsfaktors durch einen anderen zu verstehen, wobei hier Kostenerwägungen der Unternehmen ausschlaggebend sind. Die Faktorsubstitutionsthese im Rahmen der Auseinandersetzung um die Wirkung des technischen Fortschritts besagt, dass die Löhne sinken müssen, um den produktivitätssteigernden und Arbeit freisetzenden Einsatz von Kapital zu verhindern.

Flat-Tax (auch Flat-Rate Tax): bezeichnet einen einstufigen Einkommensteuertarif, das heißt, Eingangs- und Spitzensteuersatz sind identisch.

Indirekte Steuern: Im Gegensatz zu (→)direkten Steuern ist die zur Zahlung der Steuer verpflichtete Person nicht mit der tatsächlich steuerlich belasteten Person identisch. Die indirekte Steuer wird vom Steuerzahler überwälzt. Zu den indirekten Steuern zählt z.b. die Umsatzsteuer: Ein Unternehmen berücksichtigt die Steuer bei der Preisgestaltung, so dass die Verbraucher die Steuer letztlich tragen. Die (→)Steuerüberwälzung ist bei indirekten Steuern vom Gesetzgeber so beabsichtigt.

Industrie 4.0: Dem Begriff Industrie 4.0 liegt die Annahme zugrunde, dass die (→)Digitalisierung eine vierte technologische Revolution einleitet – die Grundlage der drei vorangehenden Revolutionen waren die Dampfmaschine, das Fließband und die Automatisierung durch Mikroelektronik. Industrie 4.0 verbindet virtuelle und reale Welt: Die Produktionsmittel (Maschinen, Roboter und Computer) werden über das Internet miteinander vernetzt. Über Sensoren, Antriebselemente und Software steuert sich der Produktionsprozess weitgehend selbst.

Kombilohn: Bei einem Kombilohn handelt es sich um eine staatliche Lohnsubvention, d.h. um eine Kombination aus staatlichem Transfer und Arbeitseinkommen. Ein Kombilohn ist an die Aufnahme von abhängiger Erwerbsarbeit gekoppelt. Kombilöhnen liegt die Vorstellung zugrunde, dass viele Menschen gerade mit geringer Qualifikation keine Arbeit finden, weil ihre Produktivität unter dem mindestens zu zahlenden Lohn liegt. Kombilöhne sollen dem durch einen Zuschuss zum Arbeitslohn entgegenwirken. Lohnsubventionszahlungen im Rahmen von Kombilöhnen können befristet oder unbefristet sowohl an Arbeitgeber_innen als auch an Arbeitnehmer_innen gezahlt werden, und sie können auf bestimmte Zielgruppen – zum Beispiel Langzeitarbeitslose – hin ausgerichtet sein.

Lohnnebenkosten: Der Begriff Lohnnebenkosten bezeichnet die sogenannten indirekten Arbeitskosten. Zu den Lohnnebenkosten zählen die Sozialbeiträge der Arbeitgeber, Lohn- und Gehaltsfortzahlungen, Weiterbildungskosten usw. Den Lohnnebenkosten stehen die (→)Bruttolöhne (direkte Arbeitskosten) der abhängig Beschäftigten gegenüber.

Lohnquote: Die Lohnquote beziffert das Verhältnis zwischen den Entgelten der Arbeitnehmer_innen sowie dem gesamten Volkseinkommen in Prozent. Die Differenz zu 100 Prozent entspricht dem Anteil der Kapitaleinkommen (Gewinne, Dividenden, Zinsen, Mieteinnahmen). Bei der bereinigten Lohnquote wird dieser Wert um Effekte bereinigt, die durch einen steigenden oder fallenden Anteil der abhängig Beschäftigten an allen Erwerbstätigen entstehen.

Median: Der Median ist ein Mittelwert – es handelt sich hierbei um den Wert in der Mitte einer geordneten Datenreihe. 50 Prozent der Werte sind größer und 50 Prozent der Werte kleiner als der Medianwert.

Negative Einkommensteuer: Die Idee einer negativen Einkommensteuer wird insbesondere mit dem neoliberalen Ökonomen Milton Friedman in Verbindung gebracht. Jedem Bürger und jeder Bürgerin eines Landes steht demnach eine staatliche Transferleistung zu, die das Existenzminimum abdeckt. Wird eine Erwerbsarbeit aufgenommen, so wird die Transferleistung auf die zu zahlende Einkommensteuer angerechnet. Je nach Höhe von Einkommensteuer und Transferleistung muss die öffentliche Hand an die entsprechende Person einen Nettotransfer leisten (negative Einkommensteuer) oder erhält Steuereinnahmen.

Niedriglohnschwelle: Die Niedriglohnschwelle ist die Lohnhöhe, unterhalb der der (→)Niedriglohnsektor beginnt. Die Niedriglohnschwelle beträgt 60 Prozent des mittleren Lohns [(→)Median] und beläuft sich 2016 für Deutschland nach Berechnungen von Thorsten Kalina und Claudia Weinkopf vom Institut Arbeit und Qualifikation (IAQ) auf 10,44 Euro.

Niedriglohnsektor: Im Niedriglohnsektor arbeitet, wer mit seinem Lohn unterhalb der (→)Niedriglohnschwelle liegt und damit weniger als 60 Prozent des mittleren Lohns verdient.

Produktinnovationen: Bei einer Produktinnovation handelt es sich um die wirtschaftliche Umsetzung einer neuen Idee bzw. einer Erfindung in einem neuen oder stark veränderten bestehenden Produkt.

Prozessinnovationen: Eine Prozessinnovation zielt darauf ab, die Herstellung von Produkten und interne Abläufe in einem Unternehmen effizienter und damit kostengünstiger zu gestalten. Prozessinnovationen können sowohl technischer als auch organisatorischer Natur sein.

Sozialdividende: Eine Sozialdividende wird in ihrer festgesetzten Höhe an die Bezieher_innen eines Bedingungslosen Grundeinkommens ausgezahlt. Jedes Mitglied des Gemeinwesens erhält monatlich den entsprechenden Betrag auf sein Konto überwiesen und es findet nicht, wie im Falle einer (→)negativen Einkommensteuer, eine Verrechnung mit der sonstigen Steuerschuld statt.

Steuerüberwälzung: Als Steuerüberwälzung wird die Verlagerung der Steuerlast vom Steuerpflichtigen auf eine andere Person oder ein anderes Unternehmen verstanden. Bei (→)indirekten Steuern wie der Umsatzsteuer ist dies auch vom Gesetzgeber beabsichtigt. In den Wirtschaftswissenschaften wird davon ausgegangen, dass indirekte Steuern zumindest in der langen Frist überwälzt werden. Im Falle von (→)direkten Steuern wie der Einkommensteuer hingegen wird in der Regel unterstellt, dass der Steuerpflichtige auch die entsprechende Steuer trägt.

Tarifbindung: Ist ein Unternehmen tarifgebunden, dann muss es den einschlägigen Tarifvertrag auf das Arbeitsverhältnis der bzw. des Beschäftigten anwenden. Dies ist unmittelbar dann der Fall, wenn die Arbeitgeber_in dem Tarifvertrag abschließenden Arbeitgeberverband und der Arbeitnehmer der entsprechenden Gewerkschaft angehört. Ein tarifgebundener Betrieb zahlt in der Regel aber auch den Nicht-Gewerkschaftsmitgliedern seines Unternehmens die gleiche Entlohnung wie den Gewerkschaftsmitgliedern.

Technologische Arbeitslosigkeit: Arbeitslosigkeit, die auf den Einsatz von moderner Technologie bzw. generell von (→)Prozessinnovationen zurückzuführen ist. Unterstellt wird, dass weniger Beschäftigte von den Unternehmen für die Produktion ihrer Produkte gebraucht werden, und dass es im Wirtschaftsgeschehen keine kompensierend wirkenden Faktoren gibt.

Verfügbares Einkommen der Privathaushalte: Das verfügbare Einkommen erhält man, indem zu den Bruttoeinkommen aller Mitglieder eines privaten Haushalts deren öffentliche Renten und staatliche Transferzahlungen hinzuaddiert und direkte Steuern (Einkommensteuern usw.) sowie Sozialabgaben abgezogen werden.

152 Seiten • Klappenbroschur
14,5 x 20,5 cm • 16 € (D/A)
ISBN 978-3-941310-82-7

Kai Eicker-Wolf
WIRTSCHAFTSWUNDERLAND
Eine Abrechnung mit der Wirtschaftspolitik von Gerhard Schröder bis heute

Deutschland geht es gut, Industrie und Handwerk gelten als konkurrenzfähig und die Außenhandelsüberschüsse als Beleg, dass alles fabelhaft läuft. Wer die Lage so einordnet, blickt jedoch vorbei: an der Schere zwischen Arm und Reich, Abstiegsängsten oder dem Unbehagen des Auslands an der deutschen Entwicklung. Kai Eicker-Wolf zeigt, dass die ungerechte Einkommens- und Vermögensverteilung und der hohe Exportüberschuss zwei Seiten einer Medaille sind. Seit Gerhard Schröder lebt Deutschland massiv unter seinen Verhältnissen – das ist bedenklich. Denn die Sparpolitik hat uns gravierende Fehlentwicklungen beschert wie die Unterfinanzierung sozialer Bereiche, darunter Gesundheit, Pflege, Bildung. Mit fundierten Lösungsvorschlägen plädiert Eicker-Wolf für eine Neuorientierung der Struktur- und Wirtschaftspolitik, die Verteilungsgerechtigkeit nur dann herstellt, wenn sie auch Sozialpolitik ist.

Dr. Kai Eicker-Wolf ist Referent für Wirtschafts- und Finanzpolitik und arbeitet als hauptamtlicher Gewerkschafter in Frankfurt.

BÜCHNER

188 Seiten • Klappenbroschur
14,5 x 20,5 cm • 18 € (D/A)
ISBN 978-3-96317-126-0

Björn Vedder
REICHER PÖBEL
Über die Monster des Kapitalismus

Die Superreichen stehen unter heftigem Beschuss: Sie plündern die Welt und mästen sich an fremder Arbeit, verspielen unsere Zukunft und zerstören den gesellschaftlichen Zusammenhalt. Mit den geschulten Augen des Kulturphilosophen zeigt Björn Vedder: Die Kritik am »reichen Pöbel«, wie sie derzeit Konjunktur hat, ist halbherzig und heuchlerisch. Sie dämonisiert eine kleine gesellschaftliche Gruppe, ohne das dahinterstehende Wirtschaftssystem und unsere eigene Rolle darin infrage zu stellen. Wie gefährlich diese fehlgeleitete Kritik für die politische Kultur und die unter Druck geratene Mittelschicht werden kann, zeigen die jüngsten Wahlerfolge von Populisten, etwa von Donald Trump oder der AfD. Denn während es sich die vermeintlichen Gesellschaftskritiker beim Reichen-Bashing gemütlich machen, entsteht eine brandgefährliche politische Allianz.

Dr. Björn Vedder wendet sich als Philosoph den Phänomenen der Gegenwart und den drängenden Fragen unserer Gesellschaft zu. Dabei reicht sein Arbeitsgebiet weit über die Philosophie hinaus – etwa in die zeitgenössische Kunst, Literatur und Populärkultur. Kontakt: www.bjoernvedder.de

BÜCHNER